LES FONDAMENTAUX

LA BIBLIOTHÈQUE DE L'ÉTUDIANT

PSYCHOLOGIE

Introduction à la psychologie

Pierre Benedetto

Professeur émérite à l'université Paul-Valéry-Montpellier-III

HACHETTE

LES FONDAMENTAUX

LA BIBLIOTHÈQUE DE L'ÉTUDIANT

Dans la même collection :

Sciences humaines

25 **La Psychanalyse** (T. Bonfanti, M. Lobrot)
26 **La Psychologie sociale** (A. Mucchielli)
49 **Introduction à l'anthropologie** (C. Rivière)
94 **Sociologie des communications de masse** (A. Akoun)
98 **Histoire de la théorie sociologique** (P. Demeulenaere)
107 **Le Crime et la Délinquance** (M. Cusson)
116 **Les Grands Courants de la pensée sociologique t. 1** (A. Devinant)
111 **Les Grands Courants de la pensée sociologique t. 2** (A. Devinant)

Couverture : Daniela Bak

43, quai de Grenelle, 75905 Paris cedex 15.

ISBN 2.01.145408.5

Sommaire

Avant-propos

■

Les étudiants qui s'inscrivent pour la première fois à l'université ne connaissent pas la discipline qu'ils auront à étudier pendant quatre ou cinq années. Cinq années c'est, en effet, la durée minimale des études pour tous ceux qui veulent accéder au titre de psychologue.

L'approche de cette discipline telle qu'elle leur a été proposée en classe terminale, les quelques connaissances qu'ils ont pu acquérir par ailleurs et par des moyens les plus divers, ont fait surgir dans leur esprit des représentations sommaires, voire erronées, qu'il convient très rapidement de modifier par un exposé clair et exhaustif permettant aux étudiants de premier cycle de découvrir les multiples facettes de la psychologie. Tel est la premier objectif de cette ouvrage, l'autre étant de présenter la diversité des domaines d'application de la psychologie et de provoquer, chez l'étudiant, une réflexion pour le choix de ses options.

Quand on demande à un nouveau bachelier qui vient s'inscrire en première année de psychologie, les raisons qui l'ont incité à accomplir cette démarche, une fois énoncée la réponse classique « parce que cela m'intéresse », on découvre « qu'être psychologue plus tard », c'est, pour lui, être capable de mettre en œuvre des procédures ou des techniques particulières (souvent très imprécises dans son esprit) susceptibles de mieux comprendre le sens et les raisons des comportements de ses semblables. Il pourra alors préciser que certaines de ces techniques concernent l'étude des conduites d'un individu particulier, alors que d'autres s'intéressent davantage à celles d'un groupe de personnes. C'est aussi, et c'est souvent, comprendre et expliquer ses propres réactions, ses sentiments, ses attitudes.

Au-delà de cette compréhension, et au moyen de celle-ci, il envisagera de prédire le comportement futur d'une personne, d'un groupe ou de lui-même, dont il suscitera l'expression, ou dont il freinera, voire entravera, la manifestation par le truchement d'une intervention susceptible d'entraîner un changement.

La diversité des domaines d'application suppose une spécialisation grâce à une orientation progressive qui s'amorcera au cours de l'année de licence par le jeu des options et qui se réalisera d'une manière effective en quatrième année (l'année de maîtrise) par le choix d'une « dominante » spécifique. Force est de constater que les étudiants, les enseignants eux-mêmes, et surtout les institutions, donnent à cette spécificité un poids considérable. C'est ainsi qu'on désigne, à titre d'exemple, « maîtrise de psychologie génétique » ou « maîtrise de psychologie sociale », le diplôme de psychologie obtenu à « bac plus quatre » dans la dominante « génétique » ou dans la dominante « sociale ». Il s'agit là de dénominations fallacieuses.

Si l'on admet aisément que la diversité des domaines d'application rend nécessaire l'adjonction, au substantif « psychologie », d'un qualificatif qui renvoie à un domaine de compétences, il n'en reste pas moins vrai que tout psychologue, quelle que soit sa spécialité, doit posséder une connaissance approfondie des divers aspects de sa discipline. L'appellation exacte et officielle du diplôme de maîtrise rend bien compte de cette absolue nécessité. Dans le cas des deux exemples cités ci-dessus, le diplôme est désigné « maîtrise de psychologie, mention psychologie génétique » pour le premier, « maîtrise de psychologie, mention psychologie sociale » pour le second. Ce ne sont pas là des subtilités linguistiques dénonçant quelques caprices de fonctionnaires tatillons. Bien au contraire, on souligne au moyen de cette formulation que toute formation de spécialiste ne peut être conçue que comme complémentaire à une formation de base que nous désignerons par le nom de formation « généraliste ». Cette formation généraliste s'acquiert aussi bien au cours des deux années de premier cycle qu'au cours de l'année de licence. Il serait sans doute caricatural, voire ridicule et même absurde, d'affirmer que la formation généraliste ne se poursuit pas au-delà. Encore faut-il reconnaître qu'elle continue, dans certains cas, de manière incidente. Lorsqu'un étudiant « creuse une question » de sa spécialité, il éprouve souvent en retour le besoin d'élargir sa base de connaissances en intégrant ses acquisitions nouvelles au sein de savoirs plus anciens. Dans d'autres cas, les apprentissages spécifiques supposent des pré-requis qu'il convient, au préalable, de réactualiser. À chaque fois, il puisera les informations nécessaires dans cet ouvrage dans lequel nous avons rassemblé les éléments fondamentaux de sa culture « généraliste ».

L'objet du présent ouvrage est donc de favoriser l'acquisition de cette culture « généraliste » à laquelle tout étudiant en psychologie qu'il soit en premier cycle, en second cycle ou en formation continue, aura besoin de se référer.

Ce livre s'adresse aussi aux étudiants de sciences de l'éducation, à ceux qui préparent le concours d'entrée dans un I.U.F.M., ainsi qu'à ceux qui, au sein même de ces établissements, se destinent aux carrières de professeur des écoles, de professeur des collèges ou des lycées.

Il est centré sur les problèmes de psychologie fondamentale, sans oublier les questions d'applications (cliniques, pédagogiques, organisationnelles, etc.)

PREMIÈRE PARTIE

Objet et méthodes de la psychologie

1

Objet de la psychologie

Tout au long de notre existence, nous sommes amenés à décrire et à expliquer des conduites, des activités, certains comportements accomplis aussi bien par nous-mêmes que par les êtres qui nous entourent.

Nous entendons chaque jour proclamer, et déclarons à notre tour, que le chien du voisin est particulièrement agressif, que tel ami est d'un tempérament assez jovial, que le professeur de français rencontré hier est une personne très intelligente et très cultivée, que tel individu est facilement irritable, que les jeunes sont comme ceci, les vieux comme cela, que les événements actuels jouent sur les mentalités, etc.

En nous exprimant de la sorte, nous faisons référence, parfois de manière explicite, mais plus souvent encore de manière implicite, à une psychologie fondée sur des observations et des pratiques que nous procure l'expérience quotidienne. Cette psychologie repose quelquefois sur des a priori, le plus souvent sur des données subjectives et mal analysées ; elle s'appuie rarement sur des faits objectifs et des données contrôlables. Bref, elle ne s'élabore pas à partir de méthodes satisfaisant aux critères de la démarche scientifique. Les faits qu'elle décrit, et les explications qu'elle fournit ne sont, en général, pas vérifiables.

Force est cependant de reconnaître que cette psychologie à laquelle nous faisons appel et référence dans notre vie de tous les jours, implique néanmoins quelques principes qui serviront, par la suite, de socle à une démarche scientifique.

Ces grands principes sont les suivants : 1) Les conduites individuelles, qu'elles soient humaines ou animales, présentent une certaine constance ou tout au moins une certaine régularité. Ainsi, quand on dit qu'une personne possède un certain tempérament, on attend d'elle qu'elle le manifeste à tout instant ; 2) Cette régularité permet de prévoir, à partir de l'observation des conduites présentes, des conduites futures. Par exemple, on prédira à tel enfant qui réussit particulièrement bien en mathématiques dans les classes primaires ou au collège, de brillantes études scientifiques ; 3) Les conduites, qu'elles soient présentes, passées ou à venir, sont toutes dépendantes de caractéristiques individuelles, de facteurs internes. Les expressions de la vie courante sont, sur ce fait, très éloquentes : « Monsieur X a acheté une voiture qui trahit bien sa vanité et son orgueil. » ; 4) Ces mêmes conduites sont également dépendantes de facteurs « environnementaux » ou plus généralement externes, que ces derniers soient physiques ou sociaux.

Les objectifs de cette connaissance et de cette pratique auxquelles tous les hommes font référence quand il s'agit d'apprécier le comportement de leur prochain, seront également ceux de la psychologie scientifique. « On peut considérer que l'organisation générale des démarches du chercheur ne fait que prolonger, en les perfectionnant grâce à la mise en œuvre d'instruments de méthodes et de raisonnements spécifiques, les démarches utilisées dans la vie courante par la pensée commune. Il cherche à savoir et il cherche à comprendre, comme chacun de nous dans la vie quotidienne. » (M. Reuchlin, 1992)

La différence sera donc dans la démarche. Le psychologue aura l'ambition d'employer des méthodes susceptibles de satisfaire aux critères généraux de la méthode scientifique. Quels sont donc ces critères ? Ils apparaîtront de manière détaillée dans les divers exposés qui vont suivre et d'une manière plus approfondie encore dans le chapitre consacré aux méthodes. Disons pour l'instant que le psychologue se propose de décrire, de prédire et surtout d'expliquer par des facteurs internes et par des facteurs externes, les conduites de l'animal et celles de l'homme de façon vérifiable. Le verbe « vérifier » n'a cependant pas le même sens et ne renvoie pas au même contenu suivant que nous nous proposons de décrire, de prédire ou d'expliquer. Examinons rapidement quels sont le sens et le contenu de ce verbe dans les trois cas suivants : quand qu'il s'agit d'une description, d'une prédiction et d'une explication.

Le caractère vérifiable, on dit encore contrôlable, d'une description se définit par le fait que la même observation peut être faite par un autre psychologue travaillant dans les mêmes conditions. Une observation vérifiable doit être répétable.

On dénombre plusieurs formes de vérification d'une description. Tout d'abord, la forme la plus fréquente est celle des travaux de recherche faisant appel à la démarche expérimentale et au cours desquels la même expérience, ou la même enquête, conduite par deux chercheurs différents aboutit au même résultat. Les travaux du second vérifient, ou plus exactement confirment, les résultats obtenus par le premier. Une autre forme, souvent usitée, consiste pour le même chercheur à répéter plusieurs fois la même expérience afin d'éprouver la stabilité et à travers elle, la généralité de ses observations.

Le caractère vérifiable d'une prédiction consiste à généraliser, dans le temps, le contenu d'une observation. Le psychologue d'entreprise qui, au vu des résultats d'un ou plusieurs tests d'embauche, cherche à prédire l'adaptation du candidat à la tâche proposée et sa réussite professionnelle future, généralise les performances du sujet au test en faisant l'hypothèse que l'épreuve elle-même et la tâche future font appel aux mêmes dispositions psychologiques sous-jacentes (les aptitudes), dont nous donnerons une définition précise plus loin dans cet ouvrage. Il éprouvera cette hypothèse, à partir d'un ensemble expérimental de sujets auxquels il aura fait passer les tests d'embauche et dont il recueillera par la suite les performances professionnelles (nombre de pièces correctement usinées pour des activités manuelles spécifiques, par exemple) ou les appréciations délivrées par le personnel d'encadrement. L'objectif est alors de comparer les résultats aux tests à ces « critères » d'ordre professionnel. Pour ce faire, on utilisera un indice de liaison statistique, le **coefficient de corrélation**. Une valeur élevée de celui-ci entre le test et le critère permet de « vérifier » la prédiction.

Lorsqu'on se propose d'expliquer tel ou tel comportement, telle ou telle attitude, tel ou tel sentiment, il faut pouvoir répondre aux deux questions : pourquoi ? Comment ? On doit donc comprendre les raisons, les causes, qui sont à l'origine de ces différentes conduites, de ces différentes manifestations. Claude Bernard, dans son *Traité de Médecine expérimentale,* paru en 1860, fournit une définition de ce qu'il convient d'appeler une **relation de causalité** entre deux phénomènes : « La seule preuve qu'un phénomène joue le rôle de cause par rapport à un autre, c'est qu'en supprimant le premier, on fait cesser le second. » Il prend comme exemple la relation de causalité qui existe entre l'excitation du nerf sciatique et les mouvements de la jambe : la section de ce nerf entraîne la paralysie de la jambe. Il s'agit donc de mettre en évidence non plus un ensemble de faits observables, comme c'est le cas dans l'observation sauvage, mais la recherche d'une loi. C'est la répétition de la relation établie par plusieurs chercheurs travaillant indépendamment les uns des autres qui sera le critère permettant d'affirmer la « vérification » du modèle explicatif. Cette démarche est celle des psychologues dits « expérimentalistes » qui cherchent à appliquer dans leur orthodoxie les méthodes du laboratoire.

Les lois que l'on cherche à expliquer sont fournies par un ensemble d'observations recueillies antérieurement par le chercheur lui-même ou que d'autres lui ont transmis : on appelle cette démarche une **démarche empirique**. Les lois peuvent aussi, et sont souvent déduites d'un corpus théorique à partir duquel le chercheur a élaboré un modèle lui permettant d'appliquer le principe de Claude Bernard. Cette démarche caractéristique de la méthode scientifique est appelée méthode hypothético-déductive. Le modèle consiste souvent à faire en sorte qu'une seule cause hypothétique soit isolée et mise à l'épreuve, alors que toutes les autres causes possibles sont supprimées. Les résultats observés sont ensuite confrontés aux résultats attendus en fonction des déductions logiques effectuées à partir des prémisses de la loi.

Cependant, cette démarche, extrêmement satisfaisante dans sa conception théorique, ne peut être aveuglément appliquée dans la recherche des relations causales en psychologie. De même que Claude Bernard disait qu'il est hors de question de mettre en évidence le rôle du nerf sciatique en le sectionnant chez un sujet parfaitement sain, il ne s'agit pas d'appliquer à la lettre dans nos recherches la démarche préconisée par les expérimentalistes. Les conduites humaines observées en milieu « naturel » ou « habituel » et qui laissent supposer l'existence d'une cause particulière à un comportement donné, ne permettent pas de supprimer ou même de modifier les autres causes possibles. Le chercheur en psychologie ne peut modifier l'origine sociale d'un enfant, son niveau intellectuel, ses caractéristiques biologiques, etc. Comment éprouver alors l'existence d'une relation de causalité entre deux phénomènes observés ? Nous présenterons les solutions possibles à ce problème dans le chapitre suivant consacré aux méthodes.

Si nous pouvons résumer les objectifs de la psychologie au moyen des trois verbes : **décrire**, **prédire** et **expliquer**, les champs de recherche et les domaines d'application sont extrêmement variés. Cette grande diversité a entraîné la division de la discipline que nous déplorions dans notre propos introductif. Il convient de dresser brièvement un tableau des diverses spécialisations de la psychologie contemporaine.

En ce qui concerne les organismes, il convient de distinguer deux domaines distincts : celui de l'animal et celui de l'homme.

Les psychologues qui travaillent sur l'animal peuvent étudier l'évolution des conduites tout au long de la chaîne évolutive. Certains comparent les structures nerveuses et leur fonctionnement à différents niveaux de l'échelle animale avec les conduites observées. D'autres travaillent sur des animaux munis d'un équipement nerveux élémentaire, l'étoile de mer par exemple, ou sur des hominiens supérieurs capables de résoudre des problèmes de confection d'instruments.

Ces études comparatives permettent d'identifier les structures responsables de comportements spécifiques, de comprendre le fonctionnement de certains centres nerveux, de décrire les mécanismes régulateurs de la conduite.

D'autres psychologues étudient le comportement animal en lui-même et pour lui-même : ce sont les éthologistes. Ils décrivent et expliquent les conduites animales en « milieu naturel ».

Mais plus encore que l'animal, l'homme est, en premier lieu pour le psychologue, objet d'étude. Il est aussi le point d'application, la cible de ses interventions, c'est-à-dire de ses actions déclenchées volontairement en vue d'obtenir un changement. L'homme, objet d'étude, va inciter le chercheur à connaître, à comprendre, à expliquer le fonctionnement de l'individu aux prises avec les réalités de la vie quotidienne. Il recherchera les « lois » qui régissent le comportement humain en général : c'est par excellence le domaine de la **psychologie générale** que l'on a trop souvent confondu avec celui de la psychologie expérimentale au sens strict, et plus particulièrement encore, au cours de ces dernières années, avec celui de la psychologie cognitive.

Le psychologue décrira les comportements caractéristiques des individus suivant leur appartenance à certains groupes, que ces groupes soient « naturels » ou « a priori » : sexe, origine sociale, etc., ou que ces groupes soient définis « a posteriori » comme les classifications typologiques au sein desquelles on regroupe en un même ensemble tous les individus « qui se ressemblent ». Au-delà de la description et de la découverte des différences individuelles, le chercheur en psychologie se propose aujourd'hui d'expliquer l'origine des différences interindividuelles. Pour ce faire, il fait appel à des méthodes spécifiques (méthode des jumeaux, méthode des adoptions) et pour conduire ses recherches, prend de plus en plus appui sur les découvertes de la génétique des populations. Ce domaine est celui de la **psychologie différentielle**. Le psychologue cherchera encore à décrire et tentera d'expliquer le comportement de l'individu en présence d'autrui ou face à d'autres individus au sein de groupes sociaux. Le fonctionnement des représentations sociales, celui des mécanismes d'influence sociale, les phénomènes d'attribution causale, les réactions individuelles ou collectives au sein des groupes sociaux, sont autant de domaines auxquels s'intéresse la **psychologie sociale**.

La **psychologie de l'enfant**, souvent appelée par abus de langage comme nous le verrons plus loin, psychologie génétique, étudie le développement de l'enfant suivant ses différentes fonctions et dans toutes les dimensions de sa personnalité. Certains auteurs ont cherché à établir, pour chaque âge, l'état des diverses acquisitions en dressant un portrait type de l'enfant. La psychologie génétique peut, à l'inverse, mettre l'accent sur l'organisation de ces acquisitions en une suite de stades dont l'ordre reste invariant pour tous les enfants et rechercher quels sont les mécanismes de passage d'un stade à l'autre.

La **psychologie clinique** se définit non par son contenu mais par sa méthode. On peut considérer qu'elle est concernée à la fois par la recherche des composantes et des caractéristiques de la personnalité et par toute intervention, voire toute remédiation, à l'échelle individuelle. L'un de ses domaines privilégiés est celui de la psychopathologie qu'on ne doit pas confondre avec la psychiatrie et la psychanalyse. La psychopathologie met au point des méthodes d'examen fournissant des descriptions objectives des déficits intellectuels, des perturbations affectives ou des troubles plus globaux du comportement. Elle décrit les conduites pathologiques et se propose de construire des modèles pour en rendre compte.

L'homme n'est pas seulement objet d'étude, il est aussi, et surtout, le point d'impact de toutes les applications de la psychologie. Le psychologue doit comprendre le fonctionnement des processus mentaux, des mécanismes de défense et les manifestations affectives dont certaines peuvent être agressives, des motivations profondes conscientes ou inconscientes de celui qui vient le consulter ou que la société lui a confié. Il doit le comprendre pour l'aider, pour l'accompagner, pour l'éduquer. Le psychologue doit prédire. Prédire et prévoir pour anticiper, canaliser, atténuer les réactions de celui qui vient de subir un choc affectif à la suite d'un deuil, d'un accident, d'une catastrophe ou du chômage. Prévoir pour prescrire, pour conseiller, pour aider le consultant à se projeter dans le futur et à affronter avec confiance son avenir. Le psychologue doit adapter, réadapter, permettre la réinsertion professionnelle et sociale des chômeurs, des délinquants, des malades, des handicapés, des victimes de fléaux naturels ou sociaux, etc. Nous n'épuiserons pas la liste des secteurs et des types d'activités qui, aujourd'hui, et sans doute davantage demain, font ou feront appel à la compétence d'un psychologue.

L'objet de la psychologie est donc polymorphe, ses applications multiples et ses secteurs d'activités extrêmement variés.

2

Les méthodes de recherche en psychologie

Comme nous venons de le voir à propos de la psychologie clinique, il est quelquefois difficile de séparer les différents domaines de la discipline et les méthodes spécifiques à certains de ces domaines.

La démarche scientifique exige la vérification des faits. Une telle exigence est souvent très difficile à satisfaire du fait de la complexité de la discipline et des problèmes déontologiques qu'elle soulève.

Une psychologie scientifique, c'est-à-dire une psychologie qui relie entre eux dans un même corpus théorique différents faits établis objectivement afin d'inférer d'autres faits qu'il conviendra de vérifier par la suite, repose essentiellement sur la **démarche expérimentale**. Les conditions techniques, sociales et déontologiques dans lesquelles s'inscrit le travail du chercheur en psychologie ne lui permettent que rarement d'adopter une méthodologie résolument expérimentale. Dans certains cas, le chercheur en psychologie se voit contraint de limiter ses ambitions et de préférer pour ses investigations des techniques dites « plus faibles » comme les techniques d'observation. Plus complexe est l'observation « armée » qu'on peut situer à mi-chemin entre l'expérimentation et l'observation : c'est à elle que l'on fait appel dans la méthode des tests. Par ailleurs, comme il est bien rare qu'une observation s'effectue sans une hypothèse préalable, il est courant de rencontrer certains observateurs conduire des expériences « pour voir ». Les frontières entre observation et expérimentation se trouvent ainsi réduites. Enfin, il convient de noter que dans de nombreux cas, la démarche expérimentale au sens strict est applicable dans la recherche en psychologie.

Dans le présent chapitre nous exposerons tout d'abord les techniques d'observation et de recueil des données. Nous consacrerons le point suivant à l'observation « armée », c'est-à-dire à la méthode des tests. Cette partie nous amènera à poser le problème de la quantification en psychologie et celui de l'emploi des techniques quantitatives dans les stratégies de recherche. Enfin, un dernier point sera consacré à la méthode expérimentale au sens strict.

1. L'observation

On observe lorsqu'on constate les faits tels qu'ils se présentent spontanément. Cependant, il faut avoir à l'esprit que l'environnement le plus naturel pour l'homme n'est pas un univers de choses, mais un univers de signes. Les faits sont lus comme les signes d'une présence ou d'une absence, dans l'espace et dans le temps. Ce n'est pas la réalité qui est signe mais la réalité dans son rapport avec le chercheur qui la déchiffre et l'interprète en fonction de ses intérêts et des buts qu'il poursuit. C'est pourquoi, au-delà de son aspect cognitif apparemment neutre, l'observation est toujours sélective. Implicitement, consciemment ou inconsciemment, l'observateur ne fonctionne pas comme un appareil photographique. Observer, c'est ne retenir qu'une partie de ce que l'on voit en fonction de ses attentes et de ses hypothèses.

Observer, c'est aussi se dire à soi-même ce que l'on voit. Pour percevoir les choses, il faut être capable de les **nommer**. L'observateur qui ne connaît les fleurs que par leur couleur, reconnaîtra sans peine une fleur jaune d'une fleur bleue, il a les mots pour le faire. Mais pourra-t-il distinguer la renoncule de la ficaire, s'il ne connaît le nom ni de l'une ni de l'autre ? Le langage aide à percevoir. Ce qui ne peut être nommé ne peut être identifié.

Observer, c'est aussi **interpréter**. Désigner une chose par son nom, c'est actualiser une signification parmi d'autres possibles. Il n'existe aucune relation biunivoque entre les mots et les choses. L'abondance de significations présente deux risques qui peuvent être graves au point de faire perdre toute objectivité à notre observation. Le premier risque est que nous ne soyons plus capables de percevoir : « Il y a trop de choses à voir, à entendre, à saisir. », dit-on quelquefois. Le second risque est que notre perception soit bloquée par un seul des aspects du phénomène que nous désirons observer.

Observer, c'est enfin **communiquer**. Je ne peux pas penser et demander à quelqu'un d'autre de dire ce que je pense. Je ne peux pas observer et demander à quelqu'un d'autre de dire ce que je vois. La fonction de communication du langage est inséparable de ses fonctions de perception et d'interprétation. De telles considérations nous conduisent à affirmer que les mêmes faits, observés simultanément par deux ou plusieurs psychologues, peuvent être transmis de manière très différente. C'est ainsi qu'on a demandé à plusieurs psychologues ayant une très grande expérience professionnelle, d'observer, indépendamment les uns des autres, le comportement d'un jeune garçon passant le test de Cubes de Kosh. Il devait reproduire à l'aide de cubes une série de figures géométriques. La consigne voulait que les psychologues notent tout ce qui leur paraissait digne d'intérêt, sans autre précision. Certains ont noirci plusieurs feuilles de notes, d'autres ont été moins prolixes. À cette différence formelle, sont venues s'ajouter des divergences plus grandes quand on a voulu confronter les relevés des conclusions des différents experts. Seuls deux aspects du comportement du jeune garçon faisaient l'unanimité : il travaillait sans ordre et méthode et manifestait, en soufflant bruyamment à chaque présentation d'une figure nouvelle, un sentiment d'impatience et un réel manque d'intérêt pour le test. De telles observations, qui sont des évidences, sont les seules qui aient été notées d'une manière unanime. Une expérience de ce type peut rendre quelque peu circonspect quant à l'intérêt de l'observation.

Afin de rendre le système plus rigoureux et plus formel et de centrer l'observation sur des axes importants, on propose quelquefois à l'observateur un certain nombre de propositions dont on lui demande seulement d'indiquer si elles correspondent bien, selon lui, au fait observé. C'est ainsi qu'il est fréquent de voir les psychologues établir, préalablement à l'observation, une **grille de lecture**. L'inconvénient de ces grilles a priori est qu'elles sont toujours très ambitieuses et se proposent d'examiner de très nombreuses facettes d'un même objet. Il paraît toujours évident qu'en multipliant à l'extrême les aspects qu'on désire observer, d'une part « qu'on n'oubliera rien », d'autre part, qu'on gagnera en objectivité. Cette multiplicité des descripteurs laisse à chacun des observateurs une certaine latitude dans l'interprétation du contenu de chacun d'eux. Lorsque deux descripteurs sont sémantiquement proches, ils peuvent être interprétés par l'observateur, et à son insu, comme identiques. L'abondance de descripteurs, loin d'améliorer l'observation, l'amoindrit. Lors d'une enquête, l'adjonction d'un second descripteur sémantiquement voisin d'un premier n'apporte aucune information supplémentaire : les individus se répartissent de la même manière sur chacun des descripteurs. Ce phénomène est encore accentué par le fait qu'un investissement affectif global, parfaitement inconscient, se surajoute à l'interprétation strictement sémantique de certains descripteurs. Au cours d'une recherche non publiée que nous avons effectuée nous-même, le comportement d'un personnel d'encadrement devait être examiné à l'aide de 14 critères parfaitement définis et portant sur les compétences professionnelles, l'aptitude à recevoir des consignes et à les faire exécuter, enfin sur les qualités dites intrinsèques de l'individu, à savoir sa personnalité et sa motivation au travail. Une analyse factorielle (technique statistique dont nous donnerons le principe plus loin) a mis en évidence un très important « effet de halo » venu profondément perturber l'objectivité des observations. Le contremaître qui était apprécié positivement par son chef se voyait qualifié de « bon » dans tous les domaines, alors que celui qui n'avait pas l'heur de plaire, était jugé généralement « mauvais » ou « pas très bon ». Outre cet effet général, les contremaîtres se distinguaient finalement les uns des autres suivant deux « dimensions », la compétence professionnelle et la motivation au travail. Deux descripteurs auraient finalement suffi. La multiplication des critères d'observation n'accroît donc pas, contrairement aux apparences, la multiplicité des points de vue. Des effets de halo, des effets de redondance incontrôlables viennent se surajouter aux critères d'observation jusqu'à rendre inutile leur diversité.

2. La construction des variables

Observer, c'est nommer. De fait, la première démarche du psychologue a été, et est souvent encore, d'identifier certains faits, certains comportements, certaines conduites par leur nom. Pour ce faire le psychologue utilise des variables dites nominales, des étiquettes diront certains : Monsieur Dupont est timide, Monsieur Durand est mélancolique, Madame Dujardin est extravertie.

Cependant, la même étiquette étant donnée à des personnes ayant des comportements que nous ne pouvons qualifier d'identiques, nous avons vite tendance à apporter des nuances. Monsieur Dupont et Monsieur Dubois sont timides, mais Monsieur Dupont est plus timide que Monsieur Dubois. Ces considérations nous amènent à hiérarchiser les individus Dupont et Dubois quant à l'importance de leur « timidité », et, par là même, de construire une nouvelle variable, la variable « timidité » qui comporte au moins deux échelons : celui sur lequel se situe Monsieur Dupont et celui sur lequel on place Monsieur Dubois. La variable « timidité » devient alors une variable ordinale. En présence d'une variable ordinale, la tentation est grande d'exprimer chacun de ses échelons par un nombre : l'interne d'un service de psychiatrie, chargé d'observer l'anxiété de ses malades, attribuera le niveau 8 à un malade très anxieux, le niveau 5 à un malade anxieux et le niveau 1 ou 2 à celui qui ne présente que de faibles signes d'anxiété. À l'échelle ordinale, il a substitué une échelle numérique.

Les grandeurs exprimées sous une forme numérique, étant considérées comme plus objectives, facilement communicables sans risque de distorsion, et se prêtant parfaitement aux traitements statistiques, ont toujours eu la préférence des scientifiques. Faire correspondre des nombres aux choses est l'objectif final de toute mesure, que ce soit en physique, en chimie ou en psychologie. Mais une telle correspondance ne peut pas se faire à n'importe quel prix. Les nombres sont organisés en ensembles qui possèdent en eux-mêmes des structures rendant licites les quatre opérations de l'arithmétique élémentaire. Rien ne permet d'affirmer a priori que les objets psychologiques auxquels on fait correspondre ces nombres, présentent entre eux des structures isomorphes à celles des structures numériques. Le psychologue qui désire utiliser des structures numériques pour « quantifier » ses variables devra en tenir compte.

Le psychologue dispose donc de trois sortes de variables qu'il doit utiliser à bon escient : les variables **nominales**, **ordinales** et **numériques**.

A. Les variables nominales

On obtient une variable nominale chaque fois que l'on répartit les observations en catégories. Les observations qui appartiennent à la même catégorie sont considérées comme équivalentes. Afin de faire classer les faits observés dans des catégories différentes, le psychologue doit disposer d'une procédure applicable dans les conditions où les observations sont relevées. La grille de lecture définit des catégories permettant de répartir en classes les sujets observés. Dans l'observation du jeune garçon passant le test des Cubes de Kosh, on pouvait, a priori, répartir son comportement en deux catégories : « travaille avec ordre et méthode » et « travaille d'une manière désordonnée sans analyse préalable de la tâche à accomplir ». Les échanges préalables entre les divers observateurs avaient permis de déterminer, aussi explicitement que possible, les comportements qui entreront dans chacune des deux éventualités de cette variable nominale. Dans de nombreux cas, une simple question dans un formulaire ou un questionnaire d'enquête permet de répartir les sujets et les observations en deux ou plusieurs catégories. Le cas le plus simple est la répartition en deux catégories seulement. Dans ce cas, la variable nominale est appelée **variable dichotomique**. C'est évidemment le cas de la variable relative au sexe pour laquelle les deux catégories seront codées « Hommes » et « Femmes » ou « H » et « F » ou encore « 1 » ou « 2 » (en prenant soin, toutefois, de bien avoir à l'esprit que « 1 » et « 2 » ne sont pas des nombres, mais uniquement des étiquettes). C'est encore le cas de variables construites à l'aide de questions du type « oui–non », « j'aime–je n'aime pas » ou du type « vrai–faux » et pour lesquelles on interdit les « non-réponses ».

L'avantage des variables dichotomiques réside dans le fait qu'elles se prêtent aisément à des traitements statistiques simples. Notons que toute variable nominale peut être transformée en une suite de variables dichotomiques. Exemple : si une variable nominale comprend trois catégories de couleur : vert, rouge, ou bleu, elle peut toujours se subdiviser en trois questions à réponse dichotomique : l'objet est-il vert, oui ou non ?, et ainsi de suite.

Lorsque leur contenu le permet, l'emploi d'une technique statistique appropriée, l'analyse des correspondances, permettent de regrouper en un nombre réduit de variables appelées axes factoriels, un ensemble important de variables dichotomiques.

B. Les variables ordinales

Lorsque le psychologue dispose d'un moyen lui permettant non seulement de distinguer diverses catégories de comportements mais aussi de les ordonner, il utilise des variables ordinales. L'un des exemples les plus anciens est offert, dès la moitié du XIXe siècle, par les psychiatres ayant reconnu chez leurs malades divers degrés de déficience intellectuelle, allant du plus important au moins grave : l'idiotie, l'imbécillité et la débilité. Une telle nosologie ne constitue pas un simple « étiquetage » des malades suivant leur trouble intellectuel, elle les ordonne suivant une variable hypothétique sous-jacente exprimant leur degré d'intelligence.

L'emploi de variables ordinales est extrêmement courant en psychologie dès que l'on demande au sujet d'exprimer ses opinions, ses attitudes, ses intérêts, ses sentiments, etc., sur une échelle présentant plusieurs degrés. Exemple : On demande au sujet d'exprimer son intérêt pour les réunions mondaines, en choisissant l'une des réponses suivantes : « j'aime énormément » ; « j'aime modérément » ; « je n'aime pas » ; « je déteste ».

Il peut paraître superflu de dire qu'une variable ordinale, on dit aussi échelle ordinale, introduit dans un ensemble de sujets une relation d'ordre. Chaque sujet est situé sur un échelon et peut ainsi être comparé aux autres. Mais la relation ainsi établie entre les sujets définira une échelle ordinale à la condition expresse qu'elle soit transitive. Une relation est dite transitive lorsque trois éléments quelconques A, B et C, appartenant au même ensemble, sont tels que si A est en relation avec B, et B est en relation avec C, alors A est également en relation avec C. Or, en psychologie, les relations n'obéissent pas toujours au principe de transitivité. Il n'est pas rare de rencontrer le cas où l'objet A est préféré à l'objet B, l'objet B à l'objet C, et l'objet C à l'objet A. C'est souvent le cas lorsqu'il s'agit de porter une appréciation sur certaines œuvres artistiques. On change de critère quand on compare un « Rembrandt » à un « Rubens », un « Rubens » à un « Delacroix » et un « Delacroix » à un « Van Gogh ». On observe également une absence de transitivité lorsqu'on demande à un demandeur d'emploi de comparer les diverses activités professionnelles qui s'offrent à lui : le métier A est préféré au métier B, le métier B au métier C, le métier C au métier A. On trouverait de nombreux autres exemples de ces relations « cycliques » dans les domaines les plus divers. Le psychologue doit toujours s'assurer que la relation d'ordre qu'il désire établir entre les objets psychologiques ou entre les individus auxquels il s'intéresse, est réellement transitive.

Plus complexe est le problème posé par la construction d'une échelle ordinale à partir des réponses fournies par un ensemble d'individus à une série de questions dichotomiques. L. Guttman a formalisé cette démarche. Dans son modèle, les questions s'ordonnent dans une sorte d'emboîtement tel qu'une réponse affirmative à la question n° 1 soit compatible seulement avec une réponse affirmative à la question n° 2. Le prototype d'un tel questionnaire est fourni par une enquête portant sur des données pour lesquelles il existe une échelle naturelle.

Imaginons un jeu dans lequel on nous demande d'ordonner un groupe d'individus suivant leur taille depuis le plus petit jusqu'au plus grand sans les mesurer et sans leur demander leur taille. La règle du jeu nous oblige à poser des questions auxquelles les sujets ne peuvent répondre que par « oui » ou par « non » et on suppose par ailleurs que chaque sujet connaît parfaitement sa taille.

Soient les questions :

1) êtes-vous d'une taille supérieure à 1,80 m ?

2) êtes-vous d'une taille supérieure à 1,75 m ?

Une réponse affirmative à la question n° 1 entraîne naturellement une réponse affirmative à la question n° 2. Les seules réponses cohérentes sont de ce fait : oui–oui ; non–oui ; non–non. L'échelle est ici celle des tailles, et le rang d'un individu sur cette échelle détermine sa réponse sans ambiguïté. Les sujets peuvent se répartir en catégories ordonnées en fonction du rang de la question la plus élevée à laquelle ils ont répondu « oui ».

Guttman teste la réalisation de ce modèle sur des questionnaires portant sur des attitudes psychosociales. La réalisation du modèle est en général approximative du fait qu'il existe toujours des individus qui donnent des réponses que le modèle ne prévoit pas. Guttman considère ces réponses comme des erreurs. On peut calculer la proportion de ces erreurs par rapport au nombre total de réponses et évaluer le degré d'accord entre le modèle et les données.

C. Les variables numériques

Pour distinguer et ordonner les conduites, le psychologue utilise le plus fréquemment des symboles numériques. Les variables numériques présentent, par rapport aux variables ordinales, une propriété supplémentaire : elles sont additives. Dès que l'on a affaire à des nombres, il paraît tout naturel d'effectuer des additions et de calculer des moyennes. De ce fait, deux intervalles égaux sur l'échelle qui mesure doivent correspondre à deux intervalles égaux sur une échelle qui évaluerait l'intensité d'un processus psychologique ou la grandeur d'une caractéristique psychologique régissant une conduite. Cette condition est difficilement satisfaite. Quel notateur oserait, en effet, soutenir que l'intervalle qui sépare la note 7 de la note 9, est égal à celui qui sépare la note 17 de la note 19 sur la variable qu'il prétend évaluer ?

Pour rendre légitime l'utilisation de variables numériques, les psychologues ont fait l'hypothèse que la variable psychologique que l'échelle est destinée à mesurer se distribue selon une loi mathématique connue. On adopte le plus souvent la distribution dite « normale », la loi de Laplace-Gauss dont on connaît la courbe classique en forme de cloche. Cette distribution théorique constitue un modèle pour les variables numériques comme l'était le modèle de Guttman pour les variables ordinales. Il est facile de passer du rang d'une observation sur une variable ordinale à sa position sur une variable numérique.

Dans certains cas, on demande à l'observateur de répartir ses réponses en catégories dont les effectifs lui sont imposés. Par exemple, on désire exprimer, pour chaque sujet, à l'aide d'une « note » variant de 1 à 5, la variable psychologique que le psychologue est chargé d'observer. Pour une telle échelle les effectifs par catégories seront proportionnels aux nombres :

1 4 6 4 1

On remarque aisément que l'histogramme de cette distribution a une forme voisine de celle de la courbe de Gauss. L'observateur qui travaille sur un ensemble de 32 sujets, devra les répartir ainsi : 2 sujets auront la note 1, 8 la note 2, 16 la note 3, 8 la note 4 et 2 la note 5.

La construction des variables psychologiques a largement été présentée dans les ouvrages consacrés à la méthodologie de la recherche en psychologie. Nous conseillons au lecteur de se reporter aux ouvrages de Reuchlin (1987, 1990, 1992).

3. La méthode des tests

Parmi les méthodes d'observation, nous ferons une place exceptionnelle à la méthode des tests, méthode d'investigation qui occupe une très grande place dans la panoplie des techniques employées par le psychologue praticien, et qui n'a cessé de contribuer aux recherches consacrées aux différences individuelles et à la définition des « dimensions » psychologiques de l'individu.

A. Définition

Un test est une épreuve standardisée impliquant une tâche à remplir, passée dans des conditions identiques pour tous les sujets examinés, dont les résultats sont établis à l'aide d'une technique précise pour l'appréciation de la réussite ou de l'échec, et sont interprétés à l'aide d'un étalonnage. Cette définition est celle de l'Association Internationale de Psychotechnique et a été reprise par Henri Pieron dans son *Vocabulaire de Psychologie*.

Cette définition implique que : 1) La situation expérimentale (c'est-à-dire les éléments suivants : milieu dans lequel se déroule l'examen, matériel de test, attitude et consignes données par le psychologue) doit être parfaitement définie et reproduite à l'identique dans tous les cas ; 2) L'enregistrement du comportement déclenché chez le sujet doit à la fois être précis et aussi objectif que possible. Ce comportement est suivant les cas très différent : il consiste pour le sujet à écrire une réponse, à cocher une case, à exécuter une certaine tâche manuelle, à dessiner, à parler. De toute manière, les conditions d'enregistrement doivent être définies et observées rigoureusement ; 3) Le comportement ainsi enregistré doit être évalué statistiquement et situé par rapport à un groupe d'individus. Cette comparaison est indispensable, et toute épreuve qui n'y a pas recours n'est pas un test. Nous pensons, à l'évidence, à tous ces pseudo-tests que présentent, chaque semaine, de nombreux magazines féminins et dont nous dénonçons avec force l'emploi abusif du nom de tests ; 4) Le classement du sujet dans le groupe examiné est le but final du test.

Cette définition nous permet de voir la différence entre un test mental et, par exemple, un examen clinique ou un examen scolaire. Dans l'examen clinique, le psychologue pose des questions qui ne sont souvent pas différentes de celles posées dans certains tests. Mais, d'une part, les conditions d'administration ne sont, généralement, pas rigoureusement standardisées et, d'autre part, la réponse n'est pas comparée à celle donnée par un groupe de sujets. La comparaison existe, sans doute, mais elle reste implicite, liée à l'expérience clinique du psychologue, et n'est pas exprimée en termes rigoureusement statistiques.

Dans un examen scolaire, on peut se rapprocher davantage des conditions de la testologie classique. Toutefois, le système de notation n'a pas la rigidité de celui des tests.

B. Classification des tests

On peut classer les tests selon différents critères. Le plus usité est le classement d'après la facette de la personnalité que l'on cherche à étudier ; de ce point de vue, on distinguera, par exemple, des tests d'habileté manuelle, des tests de niveau intellectuel dont le plus ancien et le plus célèbre est le Binet-Simon, des tests d'aptitudes : aptitude au raisonnement, tests verbaux, numériques, spatiaux, mécaniques, etc., des tests d'intérêts, des tests de connaissances scolaires ou professionnelles, des tests de caractère ou de tempérament (ce sont en général des questionnaires), des tests projectifs de personnalité dont le test de Rorschach, plus connu sous le nom de test des taches d'encre ou le test de l'Arbre de Koch, extrêmement précieux dans l'exploration de la sphère affective des adolescents.

C. Les qualités métrologiques des tests

On juge la pertinence d'un test à ses qualités métrologiques. Tout « bon » test permet de situer avec précision et exactitude les individus auxquels il a été administré et évalue réellement les aspects de la personne que désire connaître le psychologue. Il doit donc posséder les qualités métrologiques suivantes : être **sensible**, **fidèle** et **valide**.

■ La sensibilité ou la finesse discriminative

Un test ne présente d'intérêt que s'il discrimine bien les sujets. C'est son objectif même, qui sera d'autant mieux atteint que la différenciation sera plus fine.

Pour différencier les individus, le test comprendra un certain nombre de questions (appelées également items). Les questions doivent, d'une part, recouvrir un champ d'investigation suffisamment large pour ne pas être redondantes et, d'autre part, être suffisamment liées pour que le test présente un degré acceptable d'homogénéité. Tout l'art du constructeur de test est de trouver un moyen terme entre ces deux exigences opposées.

■ La fidélité

La fidélité correspond à la justesse ou fiabilité de la mesure découlant du test. En d'autres termes, cela signifie que deux applications successives du même test, aux mêmes individus, doivent donner strictement le même résultat. Cette définition opérationnelle de la fidélité ne tient pas compte des effets d'apprentissage possibles ou tout simplement du souvenir de la première application. Le sujet n'est plus le même quand il passe un test pour la seconde fois.

Toute détermination de la fidélité impliquant la comparaison de deux mesures (au moins), plusieurs méthodes sont proposées pour réaliser cette comparaison. Pour évaluer la stabilité des résultats, c'est-à-dire le degré de stabilité des réponses quand l'épreuve est répétée après un certain temps, on détermine habituellement la corrélation entre les performances aux deux applications successives du test à un même échantillon de sujets. L'intervalle de temps à considérer dépend de la nature du test (des tests sont constitués de questions facilement mémorisables ; d'autres qui le sont moins) et de l'interprétation qu'on veut en tirer (un test dont les questions sont difficilement mémorisables est, en général, peu dépendant du niveau culturel de ceux qui le passent).

Pour éliminer les effets pervers dus à la répétition de la même épreuve, on utilise quelquefois des « formes parallèles » de l'épreuve. On fait alors l'hypothèse que deux tests composés de questions semblables sont équivalents.

On peut également, lorsque le test comprend suffisamment de questions, n'utiliser qu'un seul test que l'on divise en deux sous-ensembles, l'un comprenant toutes les questions paires, l'autre toutes les questions impaires. La corrélation obtenue entre les résultats des deux sous-ensembles est une corrélation « par moitié » ou « pair-impair ». À partir de cette corrélation, il est possible d'évaluer un coefficient d'homogénéité relatif à l'épreuve tout entière grâce à une formule dite de Spearman-Brown.

■ La validité

Estimer la validité d'un test revient à déterminer jusqu'à quel point le test permet d'évaluer ce qu'il est censé mesurer ou jusqu'à quel point il correspond aux objectifs fixés. On peut, en effet, assigner au testage trois objectifs :

– Le psychologue désire déterminer les performances actuelles d'une personne dans un ensemble de situations que la situation-test est censée représenter. Par exemple, la plupart des tests de connaissances utilisés dans les écoles mesurent le rendement d'un élève à partir d'un échantillon de questions censées correspondre à un niveau d'acquisition scolaire ou à des objectifs pédagogiques.

– Le psychologue désire prévoir la situation future d'un individu ou souhaite évaluer quelle serait sa situation dans certaines circonstances particulières, différentes de celles de l'épreuve. Par exemple, en cherchant à prévoir la réussite dans les études universitaires à l'aide d'un test d'aptitude de « niveau supérieur », ou en cherchant à évaluer les résultats d'un examen psychologique complet à l'aide d'un bref questionnaire d'adaptation.

– Le psychologue désire connaître dans quelle mesure un sujet possède une caractéristique ou qualité hypothétique (« construite ») que l'on présume mise en évidence par les résultats au test. Par exemple, il s'attache à déterminer à quel niveau se situe le sujet, sur une échelle impliquant une dimension abstraite telle que « l'intelligence » ou « la créativité », qu'on ne peut appréhender directement quand il s'agit, soit de mieux connaître le sujet, soit d'étudier le test lui-même, soit d'étudier les corrélations entre le test et d'autres épreuves, ou de développer une théorie psychologique.

Un test de vocabulaire peut par exemple être utilisé simplement comme moyen d'évaluer la connaissance actuelle du vocabulaire, ou comme moyen d'appréhension des « capacités intellectuelles », ou encore comme instrument de criblage destiné à distinguer les schizophrènes latents ou déclarés des sujets atteints de psychose organique.

Aux trois objectifs du testage que nous venons d'énumérer, correspondent les trois types de validité suivants dont nous donnons les noms en langue anglaise car ils sont souvent employés dans les textes théoriques sans être traduits en français : validité de contenu (*content validity*), validité prédictive (*criterion-related validity*), validité hypothético-déductive (*construct validity*).

La **validité de contenu** est déterminée par la mise en évidence de la correspondance existant entre le contenu de l'épreuve et les situations ou les disciplines dont l'épreuve constitue un échantillon, et à propos desquelles on entend tirer des conclusions. La validité de contenu est particulièrement importante pour l'évaluation de la réussite et des compétences professionnelles et pour celle de l'adaptation ou du comportement social dans différentes situations déterminées. L'étude du test devrait apporter les preuves que son contenu correspond bien à l'ensemble des tâches, conditions ou processus que le test est censé mettre en lumière.

La **validité prédictive** est déterminée par la comparaison des résultats à l'épreuve avec une ou plusieurs variables censées fournir une mesure directe de la dimension ou du comportement en question. Cette comparaison peut revêtir la forme d'un tableau à double entrée (*expectancy table*) ou plus communément celle d'un coefficient de corrélation exprimant d'une manière chiffrée la relation entre le score à l'épreuve et le critère. L'emploi des tests à des fins prédictives peut comprendre des prévisions à long terme concernant une ou plusieurs estimations de la réussite scolaire, de la réussite professionnelle ou la prédiction des effets d'un traitement, une psychothérapie par exemple.

La **validité hypothético-déductive** est déterminée en recherchant les dimensions que l'épreuve évalue, c'est-à-dire en établissant dans quelle mesure certains concepts explicatifs ou certaines hypothèses permettent de comprendre les résultats obtenus à l'épreuve. L'examen de la validité hypothético-déductive exige à la fois une approche logique et une approche empirique. Le rôle essentiel des études de validité hypothético-déductive consiste à contrôler la théorie sous-jacente à l'épreuve. La procédure comprend trois étapes. Le chercheur se demande tout d'abord quelles sont, d'après la théorie, les hypothèses que l'on peut formuler au sujet du comportement des personnes ayant obtenu des scores élevés ou faibles. Il recueillera ensuite les données permettant d'éprouver ces hypothèses. Enfin, sur la base des résultats enregistrés, il s'attachera à vérifier dans quelle mesure la théorie explique adéquatement les données recueillies. Si la théorie ne permet pas d'expliquer ces données, il révisera l'interprétation de l'épreuve, reformulera la théorie ou la rejettera entièrement. De nouveaux résultats seront nécessaires pour démontrer la validité hypothético-déductive relative à l'interprétation révisée.

Les trois concepts de validité conviennent pour tous les types de tests. C'est en fait le but poursuivi plus que la nature de l'épreuve qu'il faut considérer pour déterminer le type d'information nécessaire.

Pour les épreuves d'intelligence ou d'aptitudes scolaires, on utilisera le plus souvent la validité empirique ou prédictive afin d'établir dans quelle mesure les tests permettent de prédire la réussite scolaire ou universitaire.

Pour les tests de connaissances, la validité de contenu est habituellement de première importance. L'élaboration d'un inventaire de personnalité débute, en général, par la recherche et la collecte d'items couvrant le « contenu » que le chercheur estime significatif. De tels inventaires feront ensuite l'objet d'interprétations à partir d'une théorie ; toute interprétation d'une telle nature implique évidemment le recours à la validité hypothético-déductive.

Les caractéristiques métrologiques évoquées ne sont pas indépendantes les unes des autres : si l'épreuve ne présente pas une certaine finesse discriminative, elle ne sera pas « fidèle » ; une épreuve qui ne présente pas un certain niveau de fidélité ne sera pas valide. Les récents développements en matière de testologie se situe dans une perspective plus large. Nous renvoyons le lecteur à la lecture des ouvrages de Reuchlin et de l'ouvrage de Dickes, Tournois, Flieller et Kop : *La Psychométrie.*

4. L'expérimentation

L'expérimentation a pour objectif la mise en évidence, de manière rigoureuse et répétable, d'une relation de causalité permettant de formuler une « loi ».

Cette relation de causalité s'exprime, dans un premier temps, sous la forme d'une hypothèse. À partir d'une problématique extraite d'un corpus théorique, d'une simple observation antérieure ou d'une idée exprimée par un directeur de recherche, le chercheur dégage une hypothèse mettant en relation un phénomène A qui est la variable indépendante et un phénomène B qui sera la variable observée.

La recherche d'une liaison causale entre un phénomène A et un phénomène B s'effectue suivant le modèle de Claude Bernard : si on supprime le phénomène A, alors le phénomène B disparaît. On dit que le phénomène A est « manipulé » par l'expérimentateur.

Les lois que le psychologue cherche à établir sont du type : $R = f(S)$, formule qui n'est qu'un cas particulier de la formule mathématique $y = f(x)$, y est fonction de x.

R est une réponse, une réaction, un comportement face à une situation S. Le comportement est fonction de la situation. La situation S peut être présente ou absente, ou bien, c'est le cas le plus fréquent, elle peut prendre plusieurs « valeurs », la variable R pouvant, à son tour, prendre plusieurs valeurs.

Dans le domaine des sciences physiques, à l'énoncé d'une loi, vient souvent s'adjoindre une formule à laquelle on ne prête guère qu'une attention distraite : toutes choses étant égales par ailleurs. À titre d'exemple, citons la loi d'Avogadro. Celle-ci s'énonce de la façon suivante : Si deux gaz différents occupent des volumes identiques alors l'un et l'autre comptent le même nombre de molécules, à la même température et à la même pression. « À la même température et à la même pression », pour la loi d'Avogadro, aux « conditions normales de température et de pression », diront d'autres lois, ces formules pourtant conditionnelles de la validité de la loi revêtent une importance très secondaire par rapport à la loi elle-même. La raison en est simple : les conditions normales de température et de pression peuvent être obtenues assez facilement, au moins en théorie, dans les expériences de physique. Dans ce domaine, les lois peuvent souvent être énoncées accompagnées de la formule classique : « Toutes choses étant égales par ailleurs. »

À vrai dire, le schéma $y = f(x)$ qui est celui des sciences exactes, se complique, dès que l'on s'intéresse aux sciences de la vie et plus particulièrement à la psychologie. Comme l'avait souligné Claude Bernard, chez les êtres vivants, il faut tenir compte de l'existence de deux milieux, le milieu extérieur, extra-organique, et le milieu intérieur, intra-organique. Ce raisonnement, comme P. Fraisse (1968) l'a très justement remarqué, s'applique à la psychologie : une conduite qu'elle soit animale ou humaine est fonction sans doute de la situation dans laquelle l'individu se trouve, mais aussi des caractéristiques propres à cet individu. Nous appellerons **individualité** l'ensemble des caractéristiques d'une personne particulière dans cet ouvrage. Le schéma devient donc : R = f(I, S).

Dans toute expérience de psychologie, on appelle **variable dépendante**, la variable R, pour toute conduite, réaction ou réponse. Le terme de conduite est pris ici dans son acception la plus large : réaction de l'organisme, réponse verbale, activité plus ou moins complexe. La ou les **variables indépendantes**, nous verrons plus loin qu'il peut y en avoir plusieurs, seront de type I ou S. L'expérimentateur aura pour tâche essentielle de faire varier la ou les variables indépendantes en maintenant constantes toutes les autres conditions expérimentales. Ainsi sera satisfaite la condition « toutes choses étant égales par ailleurs ».

Les recherches conduites dans le cadre de la psychologie générale au sens strict ayant pour but d'établir les lois de la conduite applicables à tous les sujets seront de la forme :

R = f(S), I étant maintenu constant.

En revanche, les recherches ayant pour but de mettre en évidence les différences interindividuelles et plus exactement les lois qui les régissent et qui sont celles de la psychologie différentielle, seront de la forme :

R = f(I), S étant maintenu constant.

Ce modèle est exactement celui qui préside à l'application de tests.

Quel que soit le but poursuivi, « généraliste » ou « différentialiste », le contrôle des variables environnementales, comme celles de l'individualité, apparaît vite complexe. Pour parvenir à neutraliser les effets possibles des variables multiples autres que les variables indépendantes et dont certaines sont souvent inconnues de lui, le chercheur devra utiliser des stratégies quelquefois très complexes, des méthodologies particulières, des techniques statistiques spécifiques. Sans entrer dans la complexité de ces problèmes, nous allons présenter la trame commune à toutes les recherches. Viennent ensuite se greffer sur cette trame des variantes que le lecteur découvrira plus tard au cours de sa formation.

A. Stratégie et méthodologie de la recherche

Un exemple nous permettra d'illustrer notre propos. Un chercheur désire évaluer les effets d'une drogue psychotrope sur le rat. Il sait d'après des recherches antérieures et par la composition chimique de son produit, que cette drogue doit avoir un effet activateur sur le comportement. Il s'agit là d'une hypothèse générale. En soi, une hypothèse générale ne peut directement être éprouvée, ou plus exactement elle peut être éprouvée de multiples manières. Le chercheur doit choisir une stratégie particulière et formuler, dans ce cas spécifique, une hypothèse de recherche. Ici, le chercheur formule son hypothèse en termes opérationnels de la manière suivante : si on administre à un rat une certaine dose du produit en question, alors son comportement se verra modifié dans le sens d'un accroissement de sa motricité. Nous avons affaire à une prédiction. Toute la démarche expérimentale consistera à confronter les résultats réellement observés après l'administration de la drogue avec les résultats attendus à partir de la prédiction.

Il convient donc de comparer le comportement du rat après injection de la drogue et en l'absence de celle-ci, après injection de sérum physiologique, par exemple. On remarquera que cette seconde injection, non obligatoire a priori, a pour objectif de neutraliser un effet « piqûre » éventuel. Deux stratégies s'offrent alors au chercheur.

Première stratégie : il observe le comportement moteur de son animal après l'injection de sérum physiologique, puis après quelques minutes de repos, il procède à l'injection de la drogue et observe à nouveau le comportement moteur. Un dispositif dont la description est ici inutile, permet d'enregistrer et de quantifier, pendant un laps de temps donné, les déplacements du rat. On obtient ainsi une valeur numérique que nous appellerons la performance motrice de l'animal. La comparaison des deux observations chiffrées permet de « voir » s'il y a eu accroissement. C'est sur ce schéma que vont venir se greffer des stratégies plus complexes faisant référence à la méthode « avant-après » et d'une manière plus générale encore, les plans d'expérience dits pour **échantillons appariés**.

Deuxième stratégie : le chercheur organise son expérience en faisant appel à deux animaux. Il administre la drogue au premier animal et le sérum physiologique au second. Il observe et compare ensuite les deux comportements moteurs. Sur ce schéma vont se greffer les stratégies du type « groupe expérimental-groupe témoin » et d'une manière plus générale, les plans d'expérience dits pour **échantillons indépendants**.

B. Répétitions et aléatorisation

Telles que nous venons de les décrire, les deux expériences ne permettent pas de conclure que l'administration de la drogue a un effet sur le comportement moteur du rat. Pourquoi ? Dans le première expérience portant sur un animal unique, rien ne nous autorise à affirmer que cet animal est par nature peu sensible, ou au contraire très sensible à la drogue en question. Le choix d'un autre animal aurait peut-être donné des résultats différents. Le hasard peut donc avoir une influence sur les données de l'expérience. Dans la seconde, rien ne nous permet d'affirmer que les deux rats ne présentent pas de différence pouvant intervenir dans la comparaison des comportements moteurs. Une autre « paire » de rats, choisie au hasard, aurait pu montrer des résultats différents. La différence observée entre les comportements moteurs, dans la première comme dans la seconde expérience peut être attribuée à un effet de la drogue et à des effets dus à d'autres variables incontrôlées et incontrôlables. Ces variables incontrôlées constituent le hasard.

Écrivons sous la forme d'équation les propositions ci-dessus :

Différence observée = différence due à la drogue + différence due aux facteurs incontrôlés.

Cette équation peut encore s'écrire :

Différence observée = effet de la drogue + effet du hasard.

Si la différence observée est supérieure à la différence attendue par le seul fait du hasard, alors nous pouvons affirmer que la drogue a réellement un effet sur le comportement moteur. La stratégie du chercheur revient donc à évaluer les effets du hasard agissant seul sur le comportement.

Dans le cas de l'expérience « avant-après », on peut répondre à l'objection qu'un autre animal aurait donné d'autres résultats. Il suffira de réaliser l'expérience non plus sur un seul animal mais sur tout un groupe de rats choisi d'une manière entièrement aléatoire. On aura alors une estimation de l'effet de la drogue, auquel s'ajoutera inévitablement l'effet du hasard, en prenant la moyenne de différences entre les performances motrices « avant » et « après », calculées individu par individu. En revanche, une bonne estimation des variations interindividuelles des performances motrices des rats en l'absence de toute drogue, donc de l'effet du hasard, se révèlera en étudiant la répartition de ces performances avant l'injection de la drogue. Illustrons notre propos : la performance moyenne des rats, 50 points avant l'administration de la drogue (les chiffres indiqués ici sont uniquement fournis à titre d'exemple), s'élève à 60 après l'injection. Cette différence de 10 points est attribuable à l'effet de la drogue et à l'effet du hasard. 95 % des performances des rats avant l'administration de la drogue varient entre 45 et 55. Cette variation est entièrement imputable au hasard et au hasard seul. La performance après injection, 60, étant largement extérieure à l'intervalle 45-55, il est possible d'affirmer que la drogue administrée a un effet activateur sur le comportement moteur du rat.

On dit que la différence observée entre le comportement du rat suivant le traitement qu'il a reçu (présence ou absence de drogue) est statistiquement significative. Deux conditions permettent de légitimer ces résultats : la **répétition** (les observations ont été effectuées sur un lot entier de rats) et le **choix au hasard** des rats.

Ces deux conditions doivent être également appliquées lorsqu'on réalise une expérience portant sur la comparaison des performances entre un groupe d'animaux auxquels la drogue a été administrée (groupe expérimental) et un autre groupe d'animaux n'ayant pas reçu de drogue (groupe témoin).

C. Plans d'expérience

Les deux stratégies que nous venons d'exposer afin de mettre en évidence les effets d'une drogue psychotrope font l'objet d'une généralisation donnant naissance à plusieurs types de plans d'expérience. Cette appellation est attribuée à R. Fisher qui a défini les principes permettant au chercheur de recueillir et d'analyser les données en rapport avec les questions posées par sa recherche. Les plans d'expérience sont construits à partir des relations que le chercheur établit entre les variables dépendantes et les variables indépendantes. Parmi les plus fréquentes et les plus faciles à analyser, on trouve les relations d'**emboîtement** et les relations de **croisement**.

La relation d'emboîtement est, dans sa forme la plus simple, celle des plans d'expérience comprenant un groupe expérimental et un groupe témoin. La variable indépendante prend deux modalités qui correspondent au statut du groupe : expérimental et témoin. Les deux groupes sont dits indépendants ou disjoints et chacun d'eux est emboîté dans une des modalités de la variable indépendante. Cet emboîtement sera noté :

S*k* < G2 >

Cette notation signifie que le plan d'expérience comporte deux groupes dont les effectifs sont de *k* sujets.

La relation de croisement, également dans sa forme la plus simple sera celle de la méthode « avant-après » : deux prises d'information sont opérées sur chaque sujet du groupe. Ce croisement sera noté :

S*k* * T2

Un tel plan comprend un seul groupe de *k* sujets observés à deux moments successifs.

Un plan d'expérience extrêmement précieux est obtenu par le croisement de deux variables indépendantes, les groupes de sujets étant emboîtés dans chacune des cases définies par le croisement. Ces plans d'expérience permettent de mettre en évidence d'éventuels effets d'interaction entre les variables indépendantes.

On dit que deux variables indépendantes sont en interaction lorsque l'effet de la première variable indépendante sur la variable dépendante se trouve modifié suivant les modalités que prend la deuxième variable indépendante.

Un exemple permettra d'exposer plus clairement ce phénomène très intéressant pour le psychologue. 100 enfants ont passé un test permettant d'évaluer leur niveau de développement intellectuel et étalonné en Q.I. Le Q.I. sera dans cette enquête la variable dépendante. On désire évaluer l'influence de l'habitat (urbain ou rural) et du sexe sur la variable dépendante. Le plan d'expérience a été conçu de manière à avoir 25 enfants dans chacune des cases obtenues par le croisement des deux variables indépendantes. Il s'agit d'un emboîtement de groupes de 25 sujets dans le croisement de 2 variables indépendantes.

Sujets < Sexe * Habitat

Les résultats sont consignés dans le tableau suivant (les valeurs indiquées sont fictives) :

	Garçons	**Filles**	**Moyennes**
Urbains	*105*	*115*	110
Ruraux	*85*	*105*	90
	90	110	100

Les résultats indiqués en caractères italiques à l'intérieur des cases sont les moyennes des scores obtenus par les différents groupes de 25 sujets. Les valeurs indiquées dans les marges sont les moyennes des scores obtenus par l'ensemble des groupes de sujets constituant les lignes et les colonnes du tableau. Ainsi, la moyenne générale obtenue par les 100 enfants est de 100. La moyenne obtenue par les 50 filles est de 110. La moyenne obtenue par les 50 garçons est de 90, etc.

La différence de moyenne entre les garçons urbains et les garçons ruraux est de 20 points, alors que la différence de moyenne entre les filles rurales et les filles urbaines est seulement de 10 points. Il y a interaction entre le sexe et le type d'habitat car l'effet « habitat », celui qui fait que urbains et ruraux n'obtiennent pas le même score moyen, est différent suivant le sexe. Nous invitons le lecteur à vérifier de lui-même que l'effet « sexe » varie suivant l'habitat.

La mise en évidence et l'estimation des effets d'interaction sont extrêmement précieuses dans les analyses où plusieurs variables interviennent simultanément, ce qui est fréquemment le cas dans le domaine des sciences humaines.

La technique statistique qui rend compte des effets principaux et des effets d'interaction est l'**analyse de la variance**. Cette technique se généralise aux cas où il existe une ou plusieurs variables indépendantes et où chacune d'elles peut présenter plusieurs modalités.

Deuxième Partie

Le système-sujet

3

Du béhaviorisme au cognitivisme, esquisse d'une histoire de la psychologie

L'objet de ce chapitre n'est pas de présenter une histoire de la psychologie que le lecteur trouvera aisément dans divers ouvrages tel celui de Reuchlin (1974). L'excellent chapitre de G. Tiberghien dans le manuel de J. Mathieu et R. Thomas (1985) dégage dans une perspective « cavalière » les grands courants qui ont façonné la psychologie scientifique de notre temps et plus particulièrement la psychologie expérimentale. Nous voudrions seulement faire ressortir, à travers ces quelques lignes, le bouleversement profond que vient de connaître cette discipline encore très jeune, en l'espace d'un demi-siècle. Ce sera notre premier objectif. Le second sera de justifier le choix qui est le nôtre, à savoir de présenter l'individu comme un système en permanente interaction avec un environnement constitué, à son tour, de systèmes de plus en plus complexes.

C'est au début du xxe siècle que la psychologie scientifique a pris son essor. En prenant place parmi les sciences, et en constituant à partir de cette époque une recherche indépendante, la psychologie s'est séparée de la philosophie.

La méthode utilisée alors pour étudier ce qu'on appelait la « vie psychique » était l'introspection. On appelle introspection « l'observation d'une conscience individuelle par elle-même, en vue d'une fin spéculative ». (A. Lalande, *Vocabulaire technique et critique de la philosophie)* Dans l'introspection, l'étude du sujet conscient est faite par le sujet lui-même.

De nombreuses critiques s'attaquèrent à cette méthode. On connaît les objections que lui adressa Auguste Comte. « On ne peut pas se mettre à la fenêtre pour se regarder passer dans la rue. » Pour qu'il y ait science, il faut qu'il y ait observation et pour qu'il y ait observation, il faut qu'il y ait dualité entre l'observateur et le phénomène observé.

Aussi la psychologie scientifique s'est-elle située dans la recherche d'un point de vue objectif. Les psychologues ayant opté pour cette tendance ont considéré le fait psychique en tant que « réaction » à un stimulus, ou plus généralement, en tant que comportement relatif à une situation donnée. Ainsi s'est constituée la psychologie du comportement, ou béhaviorisme dont le principal représentant est John Broadus Watson.

Partant du principe suivant lequel une science doit toujours partir des faits observables et tenter de les mettre sous forme de relations, Watson a développé le modèle S-R (Stimulus-Réponse) rapidement adopté aux États-Unis, comme en France, par les chercheurs en psychologie.

Le courant théorique du béhaviorisme S-R a pour objectif l'établissement de lois mettant en relation les événements survenant dans l'environnement (les stimuli S) et les variations observées des conduites du sujet (les réponses R).

« Cette méthodologie S-R préconisée par le béhaviorisme s'est avérée un puissant instrument d'investigation expérimentale des relations entre l'individu et l'environnement. » (Tiberghien) Elle allait alimenter d'une manière fort consistante les thèses du courant interactionniste.

1. Le courant interactionniste

Le courant interactionniste a été introduit par Kurt Lewin qui se targuait d'appliquer la théorie de la relativité d'Albert Einstein à l'analyse du comportement conçu comme le résultat des interactions entre l'individu et son environnement. Lewin a développé la notion de champ pour décrire la dynamique psychologique. Il s'agit d'un espace dans lequel on trouve à la fois la personne et son environnement et qui est structuré par un ensemble de forces attractives (à valence positive) et répulsives (à valence négative) qui agissent à tout instant sur la conduite. Ce champ est déterminé à la fois par les forces externes qu'exercent les objets (ou les sujets) du monde extérieur et par les forces internes que sont les besoins, les motivations ou les attitudes de l'individu. Lewin schématise le champ psychologique par des flèches et des vecteurs et utilise les représentations topographiques (la topographie est une partie de la géométrie qui étudie les distances entre les points, entre les lignes ainsi que les positions relatives des figures dans l'espace). Le champ (ou l'espace vital) d'un individu se trouve donc ainsi structuré en un ensemble de régions dont certaines sont à valence positive, d'autres à valence négative. Au cours des échanges qu'il entretient avec son milieu, le sujet cherchera à se situer dans des régions à valence positive et, en revanche, évitera ou s'éloignera des régions à forte valence négative.

En étudiant le rôle des facteurs sociaux dans le développement de l'enfant, Lewin introduit le concept de champ social. Il va alors tenter d'articuler le psychologique et le sociologique. Pour ce faire, lui-même et ses disciples vont procéder à toute une série d'expériences se déroulant généralement en laboratoire. W. Doise critique ces travaux et déclare : « Pour étudier l'articulation entre le psychologique et le sociologique, il faut précisément introduire dans les modèles explicatifs des variables préexistant à la situation expérimentale, telles que rapports de domination et de pouvoir entre catégories sociales ou conceptions idéologiques des sujets. » Ce même auteur remarque que les paradigmes de Lewin portent sur des processus intra-individuels, ou interindividuels qui sont censés se dérouler dans leur totalité au sein de la situation expérimentale. Doise proclame que les échecs relatifs de Lewin pour tenter d'articuler le psychologique et le sociologique, seraient dus à la rigueur de sa démarche expérimentale qui l'a contraint à considérer, dans un premier temps, et de manière séparée, l'individu et l'environnement. Dans un second temps seulement, Lewin fait en sorte que son expérience, toujours conduite en laboratoire, lui permette de mettre en évidence les effets d'interaction. En conséquence, le chercheur élimine tout ce qui ne peut être maîtrisé directement. C'est à cause de cela que Doise a pu écrire : « Ainsi tout laisse à penser que centré sur ses paradigmes, Lewin a "oublié" certains éléments du contexte social. »

De nombreuses recherches, extrêmement rigoureuses au plan de leur mise en œuvre, s'exposent aux mêmes critiques. Comment, en effet, s'assurer que les effets observés s'expliquent par des causes réellement identifiées ou clairement identifiables ? En procédant de cette manière, les échecs dans la recherche d'explications sont nombreux et cruels. Ainsi, devant l'énorme complexité des problèmes à résoudre, il serait tout à fait fallacieux d'attribuer à une ou deux causes par trop évidentes, la délinquance juvénile par exemple, ou bien encore la croissance ou la résorption du chômage. De même, nous ne pouvons pas expliquer tous les changements de comportement, les manifestations affectives d'un individu à partir de quelques composantes de sa personnalité ou de sa constitution physique. Le comportement est un phénomène complexe en ce sens qu'il constitue une action unitaire et intégrée de l'organisme mettant en œuvre simultanément une foule de facteurs psychologiques en interaction les uns avec les autres. Nous avons a priori peu de chances de pouvoir dresser la liste exhaustive de ces interactions qui échappent de la sorte à toute démarche analytique.

En résumé, le courant interactionniste a permis de saisir la relation entre l'individu et son environnement dans une perspective dynamique. Il a permis en outre de constater que les problèmes soulevés par l'étude de phénomènes complexes, c'est-à-dire comportant un enchevêtrement d'interactions en interrelations, ne peuvent être résolus par la méthode analytique à la fois simplificatrice et réductrice. Telles sont les raisons qui ont conduit la psychologie contemporaine à s'inspirer, à travers le cognitivisme, de la démarche systémique.

2. Le cognitivisme

« C'est l'existence d'une planification de l'action avant son exécution matérielle qui a historiquement constitué le point de départ de ce qu'il est maintenant convenu d'appeler la psychologie cognitive. » (J. Pailhous, 1987)

La psychologie du comportement allait progressivement laisser la place à une psychologie de la connaissance. La substitution du cognitivisme au béhaviorisme se solde par un changement radical qui a profondément marqué la psychologie au cours des dernières décennies. Alors que le béhaviorisme watsonnien limitait l'observation aux faits directement observables, les comportements, on voit se dessiner un intérêt pour les processus mentaux qui déterminent ces comportements.

Parmi les nombreuses sources du cognitivisme, deux nous paraissent les plus importantes :

– la logique formelle et les mathématiques,

– le courant de pensée philosophique relevant du structuralisme, courant de pensée suffisamment puissant pour résister au béhaviorisme. J. Piaget, en se référant au structuralisme, a contribué à cette mutation. Le structuralisme piagétien, nous le verrons par la suite, relève d'un processus de construction progressive au cours du développement. Il postule aussi l'existence d'organisations mentales que l'observation du comportement permet d'inférer, mais qui ne peuvent être observées directement.

Le cognitivisme insiste moins sur le rôle de l'environnement dans la détermination de la conduite que sur le rôle des activités mentales qui s'intercalent entre le stimulus et la réponse.

Dans cette approche, comme le remarque C. George (1985), « les cognitivistes mettent particulièrement l'accent sur les connaissances utilisées par l'individu pour se représenter et interpréter son environnement. Ces connaissances constituent une représentation interne ou un modèle interne de cet environnement ». La perspective cognitive met également l'accent sur les raisonnements effectués pour élaborer une réponse ou sur les procédures, les stratégies mises en œuvre afin d'atteindre le but fixé. Largement influencés par les concepts et les problèmes soulevés par les progrès de l'informatique et de la systémique, les psychologues cognitivistes ont proposé une conception du fonctionnement humain qui assimile l'homme à un Système de Traitement de l'Information : le **S.T.I.**

Dans le schéma du S. T. I. adopté par les divers partenaires d'une discipline nouvelle aux approches multiples, les neurosciences cognitives, on considère que le système nerveux capte des informations dans le milieu extérieur par l'intermédiaire de ses récepteurs sensoriels. Ces informations sont ensuite identifiées grâce à leur comparaison avec les connaissances stockées en mémoire à long terme, puis transférées en mémoire de travail, elles sont traitées par le sujet, lui permettant alors de décider quant au contenu et quant à la forme (réelle ou symbolique) que prendra sa réponse.

4

L'individu en tant que système

La brève approche historique que nous avons présentée au cours du précédent chapitre, nous a permis de montrer que la recherche permanente, et sans cesse remise en cause, de l'adaptation de l'individu aux modifications de son environnement, fournit une finalité aux relations entre l'organisme et son milieu : elle constitue un dynamisme qui tend à établir, maintenir ou modifier une constellation de relations.

La psychologie contemporaine se propose donc de décrire et d'expliquer les conduites, à l'aide d'un modèle du fonctionnement de l'individu qui tient compte de ses échanges avec le monde qui l'entoure.

Mais, tout d'abord, qu'entendons-nous par **modèle** ? Les modèles jouent, en psychologie, comme dans d'autres disciplines, deux rôles bien définis. Ils peuvent être soit des modèles explicatifs, soit des modèles de simulation. Les premiers sont, en quelque sorte, des structures hypothétiques formalisées de façon assez précise pour qu'elles représentent, le plus fidèlement possible, les données observées ou, d'une manière plus générale, le phénomène étudié. Lorsque Paul Valéry écrivait dans ses *Cahiers* : « Nous ne raisonnons que sur des modèles », il faisait, de manière implicite, référence à ce premier type de modèles. Les seconds sont conçus comme des aides à l'expérimentation. Ils sont le fruit d'approximations successives entre l'élaboration de la simulation et le résultat des expériences. Dans le cadre de cet ouvrage, seuls les modèles du premier type seront évoqués.

Le modèle explicatif dont s'inspire la psychologie d'aujourd'hui se situe dans un courant de pensée qui conçoit l'individu dans son unité, dans sa cohérence, dans ses projets et dans les interactions internes entre ses composantes dont il constitue la résultante. Pour ce faire, elle utilise avec profit le concept de système. L'individu est un système, c'est-à-dire un ensemble d'éléments muni d'une structure, dont les éléments sont dépendants les uns des autres et varient avec le temps.

Cependant, le sujet n'est pas une entité en soi. En d'autres termes, comme le constate Joseph Nuttin (1984), le sujet « fait partie intégrante d'une unité fonctionnelle et bipolaire que nous appelons l'unité Individu-Environnement (I-E) et en dehors de laquelle il n'existe pas ».

L'individu est toujours un sujet en situation. La signification particulière qu'il attribue à sa situation influence la manière dont il se perçoit et le conduit à agir d'une façon spécifique en direction de l'environnement. Le sujet peut ainsi se définir comme une modalité de fonctionnement en interaction avec cette situation. Par ces termes quelque peu abstraits de modalité de fonctionnement, nous ne désignons rien d'autre que ce qu'on a coutume d'appeler sa personnalité. Dire qu'un individu a telle ou telle personnalité signifie que placé dans tel contexte particulier, il nous est permis de prédire qu'il se comportera de telle ou telle manière.

Le système-sujet est un système en interaction constante avec le milieu qui l'entoure. On dit qu'il est un système ouvert parce qu'il prend des *inputs* dans le milieu extérieur, qu'il les transforme, et qu'il renvoie au milieu extérieur les *outputs* qui résultent de ces transformations.

En conclusion :

1° Il y a système parce que l'individu, ou plus exactement son organisme, assure un ensemble de fonctions interdépendantes, associées selon une structure propre.

2° Il y a système parce qu'il constitue une entité bien définie, et bien délimitée par rapport au milieu extérieur.

3° Enfin, il y a système ouvert, parce que l'individu s'adapte, consciemment ou non, aux variations de son environnement.

C'est ce dernier aspect qu'avaient privilégié, antérieurement à la conception systémique actuelle, les auteurs de modèles s'inscrivant dans le prolongement du cadre de pensée interactionniste. Rappelons que pour les théories interactionnistes, les conduites sont en fait le fruit d'actions réciproques entre l'individu et le milieu qui l'environne.

La démarche systémique, au lieu de partir de ces deux entités qui, une fois existantes, entreraient ensuite en relation, considère que l'unité de base est d'emblée le réseau fonctionnel des relations dont l'individu et l'environnement constituent les deux pôles. Nous désignerons cette unité de base par le terme d'**individualité**.

Ainsi conçue, l'individualité (nous préférons ce terme à celui de personnalité par lequel on désigne couramment les seules caractéristiques affectives de la personne) est un ensemble d'interactions actuelles ou potentielles entre le sujet et l'environnement. Cet environnement constitue à son tour le monde dans lequel le comportement prend toute sa signification. Si le sujet ne peut être isolé de son environnement, réciproquement la signification de l'environnement est toujours relative à un sujet particulier. Chacun perçoit et interprète l'environnement suivant les moments et suivant la manière dont il perçoit, consciemment ou inconsciemment, ses propres « états » tant au plan physique qu'au plan psychologique. Individu et environnement n'existent donc qu'en fonction l'un de l'autre dans une dialectique sans cesse renouvelée.

La recherche permanente d'une adaptation satisfaisante de l'individu aux modifications de l'environnement fournit une finalité aux relations entre l'organisme et son milieu. Elle génère un dynamisme qui tend à établir, maintenir ou modifier une constellation de relations. De façon plus générale, l'individualité est un réseau fonctionnel d'interactions entre le sujet, lui-même considéré comme un système, et d'autres systèmes de plus en plus larges, de plus en plus complexes : système familial, système scolaire, système économique, système social, etc. Le mérite de ce modèle est qu'y figurent au même titre que les variables psychologiques, des variables non psychologiques. On comprend mieux ainsi comment il est possible d'analyser des relations entre variables de nature différente.

1. Les variables du système-sujet

J.R. Royce (1973) puis F. Gendre et J.B. Dupont (1982) ont présenté des dimensions de l'individualité par référence à la théorie factorielle.

L'analyse factorielle est une méthode mathématique destinée à décrire la structure des relations entre un grand nombre de variables (ou mesures) en corrélation. Elle permet de remplacer ces variables par un nombre de variables non corrélées (appelées facteurs) qui sont plus stables et plus fondamentales que les variables dont elles sont issues. Les facteurs ainsi obtenus sont généralement appelés dimensions, ou dimensions de l'individualité.

La répétition et la convergence des résultats, malgré des différences dans l'échantillonnage des variables et des individus et malgré l'utilisation de multiples variantes de la méthode, permettent de proposer un schéma de description des comportements humains selon trois sphères : la sphère cognitive, la sphère affective et la sphère évaluative.

A. La sphère cognitive

La sphère cognitive (perceptions, mémoire, intelligence, etc.) a été étudiée, dans un premier temps, à partir des **tests d'aptitude**. Ces épreuves sont issues des travaux de la fin du XIXe siècle sur la mesure des différences individuelles relatives à la capacité d'apprentissage scolaire.

Les théories modernes tendent à décrire la structure cognitive en fonction de « facettes » qui classent les variables suivant le type et la structure des stimuli utilisés, la structure de la tâche à effectuer, le nombre et le type des stratégies envisageables, le type de mémorisation impliquée et le type de réponse demandée.

B. La sphère affective

La structure affective (tempérament, personnalité) a été étudiée à partir de biographies, au moyen d'observations de comportement des individus, mais aussi, et surtout, à l'aide de **questionnaires**. Développées empiriquement ou a priori, des listes de symptômes destinés à dépister les éléments susceptibles de rendre l'adaptation difficile, des descriptions de comportements dans des situations habituelles, des listes d'adjectifs auto-descriptifs issus du langage courant, des opinions sur les sujets les plus divers ont été soumis à des analyses factorielles.

Les développements de la technologie informatique ont récemment permis de traiter simultanément jusqu'à 500 variables et d'intégrer ainsi une grande diversité d'observations et d'items utilisés dans les questionnaires de personnalité.

C. La sphère évaluative

La sphère évaluative (valeurs, intérêts) peut être considérée comme résultant de l'interaction entre la sphère cognitive et la sphère évaluative. Les valeurs peuvent être conçues comme l'expression des **besoins** et des **motivations** des individus. Elles se cristallisent dans un système de principes et de règles qui permettent à l'individu de prendre des décisions.

Les intérêts diffèrent des valeurs en ce sens qu'ils sont moins généraux et qu'ils sont conçus comme l'expression d'une préférence vis-à-vis d'un objet particulier, le monde du travail ou le monde des loisirs par exemple. Tel a été le cas des intérêts professionnels qui ont été étudiés au travers d'inventaires ou de questionnaires demandant un choix par rapport aux activités professionnelles ou aux métiers.

En conclusion, l'individu se trouve caractérisé par trois sous-systèmes : la sphère cognitive, la sphère affective et la sphère évaluative. Chaque sphère est définie par une structure qui découle, selon Royce (1973), des différentes manières dont l'individu appréhende l'environnement : mode rationnel, mode empirique et mode métaphorique. Nous sommes donc en présence d'une organisation relativement simple aboutissant à un découpage classique bien connu des psychologues. C'est celui que nous adopterons par la suite.

2. Les structures de l'environnement

En ce qui concerne l'environnement, disons dès à présent qu'il n'est jamais une donnée mais qu'il est toujours un construit, ou plus exactement qu'il est toujours reconstruit, en fonction du moment, des connaissances, des sentiments..., bref de l'« état » de celui qui le perçoit. Si chaque système qui compose l'environnement a sa propre organisation interne, ces différentes structures émanent toutes de l'activité humaine et devraient de ce fait présenter certaines analogies au niveau des fonctions ou des interrelations.

C'est le cas, par exemple, de la structure des intérêts vis-à-vis des métiers et professions mise en évidence par J. Holland, à partir de tests et de questionnaires, qui s'avère tout à fait similaire, au point même d'être superposable, à la structure des activités professionnelles trouvée par E.J. Mc Cormick à l'aide de méthodes issues de l'analyse du travail.

C'est également le cas des perceptions du climat familial dont différentes analyses ont mis en évidence trois composantes essentielles : la stimulation intellectuelle, la chaleur affective et le type de contrôle. J. Lautrey (1980), à l'aide d'un questionnaire portant sur les pratiques éducatives, classe les différents milieux familiaux observés en trois catégories correspondant à trois types de structuration : « milieu familial souplement structuré », « milieu familial faiblement structuré », « milieu familial rigidement structuré ». Le premier milieu est fortement stimulant au niveau intellectuel, le second favorise l'expression de la personnalité alors que le troisième met en exergue les valeurs et les règles morales qui rigidifient les conduites.

Nous constatons qu'une structure en trois termes prédomine dans les différentes composantes de l'environnement et qu'elle correspond très étroitement à celle qui organise l'individualité.

5

Les aspects cognitifs de la conduite

1. Saisie et exploration de l'information

À chaque instant, nous recevons de très nombreuses stimulations en provenance soit du milieu extérieur, soit de notre propre organisme. Il s'agit de variables du milieu ou de l'organisme, provoquées ou non, susceptibles de produire une réaction de la part de celui-ci. Ces stimulations véhiculent diverses formes d'énergie (lumineuse, mécanique, thermique, etc.) qui viennent exciter des cellules spécialisées devenues sensibles à une énergie particulière.

Par cette fonction absolument indispensable à son adaptation et à sa survie, tout organisme vivant prélève de l'information dans le milieu qui l'entoure. Il éprouve des sensations ; il perçoit des informations. S'il est difficile de trancher entre ce qui relève de la sensation et ce qui est propre à la perception, il est possible de déclarer que le mot **perception** recouvre un large concept et désigne le processus de recueil et de traitement de l'information sensorielle, alors que le mot **sensation** a un sens plus restreint. On le réserve à la réponse spécifique consécutive à une stimulation sensorielle isolée.

Le premier sous-chapitre sera consacré à l'exposé des mécanismes relatifs aux récepteurs sensoriels et aux sensations, le second traitera de la perception.

A. Les sensations et les mécanismes sensoriels

Les récepteurs sensoriels constituent des structures nerveuses morphologiquement et fonctionnellement spécialisées. Chacun d'eux est spécifiquement sensible à une forme d'énergie particulière. Leurs cellules transforment l'énergie initiale en énergie bioélectrique ; c'est la raison pour laquelle ces récepteurs sont également appelés transducteurs. La stimulation engendre dans la cellule réceptrice un potentiel récepteur qu'elle transmet au neurone sensitif sous la forme d'un potentiel générateur. Le potentiel générateur, suivant son amplitude, donnera ensuite naissance à un potentiel d'action qui se transmettra le long de la fibre nerveuse. Le stimulus physique se trouve ainsi transformé en message nerveux. Si tous ces messages sont de même nature, c'est-à-dire des potentiels d'action codés en fréquence, il convient de noter que depuis la périphérie jusqu'au niveau central, ils empruntent tous des voies séparées. Chacun d'eux est acheminé par une fibre nerveuse particulière et aboutit à une structure spécifique. L'apparition d'une sensation particulière est ainsi entièrement déterminée par sa nature modalitaire.

■ Les modalités sensorielles

On classe les modalités sensorielles en trois catégories suivant la situation plus ou moins profonde des récepteurs qui les alimentent. Ce sont les modalités **extéroceptives, proprioceptives** et **intéroceptives**. En fait, cette classification basée sur des critères anatomiques recouvre les grandes catégories d'informations sensorielles qui doivent être traitées pour permettre en permanence l'adaptation du sujet. Les informations qui lui servent à appréhender l'environnement, à identifier et à localiser les objets, sont essentiellement de nature extéroceptive. Elles permettent de déterminer les buts de nos actions matérielles, de les planifier, de les guider et de contrôler nos actes par rapport à l'environnement. Les informations dites proprioceptives, permettent au sujet d'être informé à tout moment des positions et des mouvements de son corps. Les informations intéroceptives sont davantage relatives à la manière dont fonctionne la machine biologique ; elles servent souvent de révélateurs de dysfonctionnements et dans les cas graves, elles peuvent se voir attribuer le rôle de véritables signaux d'alerte.

■ Les différents types de récepteurs

On distingue donc trois types de récepteurs : les extérocepteurs, les propriocepteurs, les intérocepteurs.

Les extérocepteurs regroupent les récepteurs connus plus habituellement sous le nom d'organes des sens, les propriocepteurs concernent les sensibilités musculo-articulaires et le sens de l'équilibration, les intérocepteurs procurent les sensations profondes généralement d'origine viscérale. Examinons rapidement chacune de ces trois catégories de récepteurs.

Les extérocepteurs. Le monde extérieur est perçu par les canaux sensoriels, que l'on appelait traditionnellement les cinq sens, à savoir la vue, l'ouïe, l'odorat, le goût et le toucher. Ces sens sont devenus, dans le langage moderne, des modalités sensorielles. Chaque modalité sensorielle est à son tour subdivisée en sous-modalités. On distingue, par exemple, pour la sensibilité cutanée, la sensibilité tactile et la sensibilité thermique. On classe également les modalités sensorielles suivant d'autres critères. La nature du stimulus est un critère souvent utilisé : mécanique pour l'audition, chimique pour l'olfaction, etc. Tous ces classements sont en fait purement conventionnels.

La vision. L'œil se compose d'un système optique, comparé souvent à la chambre d'un appareil photographique, et d'un réseau de neurones très spécialisés, la rétine. Cette dernière est à l'origine de la neurophysiologie et de la psychologie de la vision du point de vue du traitement des informations. L'énergie véhiculée par les ondes électromagnétiques de la lumière est absorbée par une substance chimique de la rétine qui, sous son effet, se décompose et transforme la polarité des cellules, engendrant ainsi un potentiel d'action. Dans la rétine, il existe trois étages de cellules : sensorielles, bipolaires, ganglionnaires avec des interconnexions horizontales. On distingue deux types de cellules sensorielles : les cônes et les bâtonnets. Seuls les cônes sont capables de coder les aspects chromatiques des stimuli lumineux. Ils sont donc responsables de la vision des couleurs. Les bâtonnets sont sensibles aux intensités lumineuses beaucoup plus faibles que les cônes. Ce sont eux qui nous permettent de distinguer les objets et les formes dans la pénombre. La présence de deux types de neurones sensoriels dans la rétine explique l'existence de deux systèmes visuels.

Le premier (vision photopique) fonctionne surtout en lumière diurne et nous renseigne sur les couleurs et les détails des objets. Il est assuré par les cônes situés au centre de la rétine ou fovéa. On désigne souvent ce système sous le nom de système géniculo-strié à cause de sa configuration anatomique. En effet, les fibres nerveuses des cellules ganglionnaires s'articulent dans une région du cerveau appelé corps genouillé latéral avec d'autres fibres allant jusqu'à la région occipitale du cortex cérébral appelé cortex strié.

Le second (vision scotopique) peut fonctionner en lumière faible et nous renseigne sur les directions de l'espace et les mouvements. Il est assuré par les bâtonnets qui se situent essentiellement dans la zone périphérique de la rétine. On l'appelle le système rétino-tectal.

Cette différence anatomique a permis de mettre en évidence, dans l'analyse des fonctions visuelles, l'existence d'un double système dans le traitement des informations sensorielles. L'un constitue la grande voie spécifique des afférences visuelles qui se projette sur les aires occipitales du cortex cérébral. Il trouve son origine dans la région fovéale et concerne la vision centrale. L'autre, qui intéresse la vision périphérique, se projette sur les régions mésencéphaliques. Ces deux modalités jouent un rôle capital dans l'élaboration de l'expérience perceptive que nous avons de notre corps et nous permet d'élaborer les contenus respectifs des concepts d'**image corporelle de soi** et de **schéma corporel**. La première modalité fournit des informations qui permettent de construire l'image du corps qu'on appelle quelquefois image corporelle de soi. Il s'agit, en fait, de la représentation que nous avons de notre corps identifié par sa forme et par le contenu de ses surfaces limitantes. La seconde traite des informations qui nous renseignent sur la position respective des diverses parties composant notre corps. Elle nous informe aussi sur la position que nous occupons dans un espace sensoriel qui, lui-même, servira de référence au cours de nos déplacements et dans l'exécution de nos actes locomoteurs. Cette seconde modalité permet à l'individu de construire son schéma corporel.

Le système visuel assure donc un ensemble de fonctions extrêmement complexe qui, non seulement fournit des informations sur les objets qui nous entourent quant à leur forme, leur grandeur, leur couleur, leur position respective dans l'espace, structurant ce dernier suivant les lois de la perspective, mais il permet en outre de prendre conscience de notre propre corps et de construire un référentiel qui permettra d'organiser nos divers mouvements.

L'ouïe. Notre système auditif capte parmi les ondes mécaniques qui se propagent dans l'air celles qui se caractérisent simultanément par une certaine fréquence et une certaine amplitude : les ondes sonores. Ce sont elles qui font vibrer la membrane du tympan qui transmet sa vibration par le jeu des trois osselets (marteau, enclume et étrier) au liquide appelé endolymphe de l'oreille moyenne. Le mouvement de l'endolymphe excite la membrane ciliée qui tapisse la paroi interne du limaçon et qui propage cette excitation en direction des centres supérieurs par le nerf auditif.

À une variation de fréquence des ondes sonores correspond une variation subjective de la hauteur du son, alors qu'une variation de l'amplitude entraîne une variation de l'intensité subjective. Un son fourni par un instrument de musique est constitué par une onde de fréquence donnée, ou fréquence de base, et par une série d'harmoniques dont la fréquence est un multiple entier de la fréquence de base. C'est la nature des harmoniques qui détermine le timbre.

Nous savons donc qualifier subjectivement un son par sa hauteur, par son intensité et par son timbre. La perception auditive présente un intérêt particulier pour l'étude psychologique du temps. On peut dire que le temps est à la perception auditive ce que la vision est à la perception de l'espace.

Le goût et l'olfaction. Dans le langage courant, les expressions verbales concernant le goût et l'odorat sont souvent confondues sans doute à cause de l'origine chimique du stimulus qui intervient dans l'une et l'autre de ces modalités. Rappelons brièvement que les récepteurs gustatifs sont localisés dans la langue et ne savent en fait discerner que quatre « impressions » : le salé, le sucré, l'amer et l'acide. En ce qui concerne l'olfaction, la muqueuse olfactive est située dans la partie postérieure des fosses nasales. L'odorat est un sens essentiellement qualitatif.

Le toucher et la sensibilité cutanée. Les récepteurs contenus dans l'épiderme, le derme et les tissus sous-cutanés se présentent sous la forme de terminaisons nerveuses libres ou encapsulées. Ils sont activés par des stimulations mécaniques qui font naître au niveau de la cellule un potentiel récepteur dont l'amplitude est proportionnelle à l'intensité du stimulus.

Les propriocepteurs. Cette sensibilité englobe les sensations dont les récepteurs responsables sont situés dans les muscles, les articulations ou les structures de l'oreille interne qui commandent l'équilibration. Les propriocepteurs traitent des informations mécaniques indispensables à la **vie de relation**. Situés dans les muscles et les tendons, ils fournissent des informations sur les contractions musculaires. Certaines de ces contractions étant rendues nécessaires afin de compenser les effets de la pesanteur, la perception kinesthésique nous informe sur la position qu'occupent nos membres dans l'espace et, de manière plus générale, les diverses parties de notre corps.

L'appareil vestibulaire situé dans le labyrinthe osseux de l'oreille est excité par toute accélération consécutive aux mouvements de la tête. C'est en effet les déplacements de petites masses calcaires situées dans les canaux semi-circulaires de l'oreille interne et les mouvements du liquide contenu dans le saccule et l'utricule du vestibule, qui informent le sujet sur la position de sa tête par rapport à la verticale. Les informations ainsi recueillies par l'individu lui permettent de s'orienter dans l'espace en utilisant comme système de référence l'attraction terrestre, et de situer par rapport à la position de son corps, ses organes sensoriels et ses organes moteurs. Les informations visuelles, les informations tactilo-kinesthésiques et les informations vestibulaires s'articulent les unes aux autres pour constituer le schéma corporel.

Les intérocepteurs. Ce sont des récepteurs situés dans les viscères. Ils codent et transmettent des informations relatives au **fonctionnement des organes**. Ces informations demeurent en général peu perceptibles. Elles peuvent cependant devenir des sensations douloureuses en cas de dysfonctionnement majeur de certains de nos organes, ces effets constituant une mise en état d'alerte de l'organisme. Certains récepteurs situés dans les tissus mêmes de nos viscères sont stimulés par les forces gravitaires et alimentent des informations statiques sur la position de notre corps par rapport à la verticale.

Malgré leurs différences anatomiques et leur spécificité fonctionnelle, on constate que de vastes analogies existent entre toutes les modalités sensorielles. On rencontre en effet au niveau de la transduction périphérique des stimuli, au niveau des fonctions de codage sur les voies sensorielles, au niveau des systèmes d'acheminement et de traitement cortical des informations, de telles similitudes qu'il nous est possible d'introduire la généralité des mécanismes sensoriels à partir de l'étude d'une seule modalité. C'est la raison pour laquelle on peut formuler en termes de lois établies pour toutes les modalités sensorielles, les relations qui existent entre l'intensité de la stimulation et celle de la sensation. Ce sont les lois de la psychophysique.

■ La psychophysique

L'étude des lois de la psychophysique a constitué les premiers champs expérimentaux explorés par les psychologues. Ces lois concernent en premier lieu la mesure des seuils et en second lieu la mesure des sensations évoquées par des stimuli dont on fait varier la grandeur physique.

Toutes les stimulations ne sont pas suivies des mêmes effets. Certaines suffisamment efficaces sont révélées par une réaction consécutive de l'organisme qui indique alors que le signal a été détecté. À l'inverse, d'autres stimulations très faibles ne suscitent pas de réponse. Ces réactions différentes s'expliquent par l'existence d'une limite à la sensibilité de l'organisme. On désigne par le mot **seuil** cette limite de sensibilité. Les mécanismes qui rendent compte et expliquent l'existence et le fonctionnement de ces seuils sont essentiellement physiologiques.

De même qu'une stimulation trop faible demeure sans effet, une stimulation dont l'intensité physique est très forte suscite une sensation également très forte qui se manifeste à l'observateur extérieur par une réponse plus rapide et plus importante de la part du sujet.

Nous allons successivement exposer la mesure des seuils sensoriels puis la mesure des sensations.

Les seuils sensoriels. Dans le modèle psychophysique de G.T. Fechner et E.H. Weber, seuls sont perçus les signaux possédant une certaine intensité, en d'autres termes ceux qui dépassent le seuil. Lorsque l'intensité du stimulus est inférieure à ce seuil, on dit alors qu'elle est infraliminaire, le signal sensoriel n'est pas perçu par le sujet.

On distingue deux types de seuils : le seuil absolu et le seuil différentiel. Le seuil absolu est la plus petite grandeur physique que le sujet peut détecter. Le seuil différentiel est la plus petite différence entre deux grandeurs physiques que le sujet peut déceler.

Trois méthodes sont proposées à l'expérimentaliste pour déterminer le seuil absolu : la méthode des limites, la méthode de l'ajustement ou du point central et la méthode dite des stimuli constants. La méthode des limites consiste à présenter un stimulus nettement perceptible par le sujet. On diminue ensuite progressivement l'intensité du stimulus jusqu'à ce que le sujet déclare ne plus percevoir (série descendante). On présente ensuite un stimulus d'intensité très faible dont on a la certitude qu'il ne peut être perçu du sujet. On accroît ensuite régulièrement l'intensité de ce stimulus jusqu'au moment où le sujet déclare le percevoir (série ascendante). On répète plusieurs fois chacune des deux séries en notant à chaque fois le seuil obtenu. On calcule ensuite la moyenne des seuils ascendants et celle des seuils descendants.

La méthode de l'ajustement ou du point central consiste à demander au sujet de faire lui-même varier l'intensité du stimulus de façon à déterminer le point où celui-ci est juste perçu, puis juste non perçu.

La méthode constante ou des stimuli constants consiste à présenter des stimuli d'intensités différentes dans un ordre purement aléatoire, mais proches du seuil grossièrement estimé. Le sujet déclare s'il perçoit ou non. Le seuil est déterminé par l'intensité du stimulus que le sujet déclare percevoir ou ne pas percevoir avec la même probabilité. Le seuil différentiel est obtenu à l'aide de procédures assez voisines de celles que nous venons de décrire pour les seuils absolus.

La détection du signal est une théorie psychophysique proposée par W.P. Tanner et J.A. Swets qui permet d'aborder la mesure des seuils dans une optique tout à fait différente. Ces deux chercheurs avaient observé, pendant la Seconde Guerre mondiale que les « veilleurs-radar » chargés de détecter les avions ennemis à partir d'un écran comparable à un récepteur de télévision, travaillaient dans une situation caractérisée par la présence permanente de « bruits ». Un bruit est défini par ces auteurs, comme un ensemble de stimulations qui sont pour celui qui les reçoit, en l'occurrence le veilleur, entièrement aléatoires, donc imprévisibles et sans signification. Devant son écran, il devait se demander, à chaque instant, s'il percevait seulement un bruit ou un bruit plus faible associé à la présence d'un bombardier ennemi. S'il jugeait l'avion réellement présent, il lui appartenait de déclencher l'alerte en signalant la présence de l'ennemi à l'aviation de chasse. On mesure combien la « décision » du veilleur était lourde de conséquences. Notons au passage que le fait de confier la « veille radar » à telle ou telle personne n'était pas non plus sans conséquences car tous les individus n'adoptent pas la même attitude quand ils ont à prendre des décisions.

Tanner et Swets ont utilisé ces observations pour formuler leur théorie de la détection du signal. L'intérêt majeur de cette théorie est de montrer qu'il existe, à coté du processus sensoriel, simple phénomène électrochimique, un processus décisionnel faisant intervenir l'expérience et la personnalité du sujet.

La mesure des sensations et les lois psychophysiques. L'idée même de mesure dans le domaine des sensations n'a pas manqué de susciter bien des polémiques parmi les psychologues contemporains de Fechner encore tout imprégnés de leur culture philosophique. Comment ces philosophes pouvaient-ils seulement imaginer qu'on puisse évaluer à l'aide d'un nombre une donnée psychologique aussi intime qu'une sensation ? Les opposants n'ont pas manqué de qualifier cette idée d'irrationnelle, et ce d'autant plus facilement que Fechner aurait même rêvé, d'après Reuchlin, d'une « sorte de métaphysique mathématisée dans laquelle les rapports entre l'Esprit et la Matière seraient mis en équation ».

Qu'entend-on au juste par mesure ? Rappelons le postulat concernant la mesure déjà énoncé dans cet ouvrage. Mesurer signifie simplement faire correspondre certaines propriétés des nombres aux propriétés des choses. Si le psychologue parvient à définir des intervalles égaux entre les sensations, il pourra en déterminer une série auxquelles il lui sera licite de faire correspondre des nombres en progression arithmétique.

La première loi, dite loi de Bouger-Weber, porte sur les seuils différentiels et évite de faire appel au postulat concernant la mesure des sensations. Elle ne s'intéresse en effet qu'aux mesures du stimulus. On a vu qu'en faisant varier de manière continue un paramètre physique du milieu à partir d'une valeur donnée, il était possible de déterminer la plus petite différence perceptible. On demande, dans un premier temps, à un sujet de comparer en les soupesant, deux objets cachés à sa vue, l'objet A et l'objet B, ayant chacun une masse de 100 grammes. On lui demande ensuite de comparer, dans les mêmes conditions, la masse de l'objet A à celle d'un objet C de 110 grammes. Si le sujet ne perçoit pas de différence, on lui demande de comparer la masse de A à celle d'un objet D de 120 grammes et ainsi de suite, jusqu'au moment où le sujet déclarera que le second stimulus est « plus lourd que le premier ». Cette différence de masse entre l'objet A et le second objet porte le nom de seuil différentiel correspondant à la valeur donnée (ici la masse de A égale à 100). En procédant de la même manière pour une autre valeur du stimulus, nous déterminons un second seuil différentiel correspondant, cette fois-ci, à la seconde valeur du stimulus. En poursuivant les mêmes investigations suivant la même procédure, nous constatons, en premier lieu, que la valeur du seuil différentiel dépend de l'endroit où on le détermine sur l'échelle objective continue des valeurs du stimulus. En second lieu, nous ne manquerons pas de constater que si la valeur du seuil différentiel varie, la fraction différentielle reste constante. Si la plus petite différence perçue est de 20 grammes pour une masse du stimulus A égale à 100 grammes, la plus petite différence perçue est de 40 grammes pour un valeur du stimulus A égale à 200 grammes. Cette loi est la loi de Bouger-Weber.

La seconde loi, dite de Fechner, s'exprime de la façon suivante : l'intensité de la sensation varie, en général, comme le logarithme de la valeur du stimulus. Elle a été établie à partir d'une évaluation dite indirecte de la mesure de la sensation. Cette évaluation est indirecte parce qu'on ne demande pas au sujet de porter directement un jugement sur l'égalité de deux intervalles ou de deux rapports. On lui demande seulement de comparer deux stimuli et de dire quel est le plus intense. On prend alors comme unité de mesure le seuil différentiel tel qu'il est évalué ci-dessus pour mettre en évidence la loi de Bouger-Weber. Si le seuil différentiel est de 20 grammes pour un stimulus initial de 100 grammes, il sera de 40 grammes pour un stimulus initial de 200 grammes et ainsi de suite... En prenant la valeur du premier seuil pour unité (20 g), la mesure du premier stimulus initial (100 g), exprimée au moyen de cette unité prendra la valeur 5 (5 fois 20 g). La valeur du second seuil (40 g), exprimée au moyen de la même unité, prendra la valeur 2 (2 fois 20 g), alors que la valeur du stimulus initial (200 g) prendra la valeur 10 (10 fois 20 g). La valeur d'un troisième seuil est égale à 3 pour un stimulus initial égal à 20 et ainsi de suite. On constate que lorsque les valeurs attribuées aux seuils différentiels s'accroissent régulièrement d'une unité, les valeurs attribuées aux stimuli initiaux doublent à chaque fois. Les mathématiciens montrent aisément que chacune des valeurs de la première série (celle des seuils différentiels), est le logarithme de la valeur correspondante de la deuxième série (celle des stimuli initiaux).

Stevens a introduit plus récemment des méthodes dites directes de mesure des sensations. Ces méthodes supposent que le sujet donne, pour chaque stimulus présenté, une estimation numérique de la sensation éprouvée. C'est ainsi qu'il attribuera la valeur 2 à une sensation qu'il jugera « deux fois plus forte » qu'une première sensation à laquelle l'expérimentateur aura, d'une manière totalement arbitraire, préalablement donné la valeur 1. La méthode consiste à demander au sujet de régler lui-même le stimulus de façon que la sensation prenne une valeur donnée.

Si l'on constate, par exemple, que pour passer de la sensation 1 à la sensation 2, subjectivement estimée « double de la première sensation », il faut multiplier l'intensité physique du stimulus par 4, on constatera de même que pour passer de la stimulation 2 à la stimulation 4, il faudra multiplier, à nouveau, le stimulus par 4, donc par 8 l'intensité du stimulus qui a donné naissance à la sensation de valeur 1. En d'autres termes, si a est l'intensité du premier stimulus, l'intensité du second sera a^2, celle du troisième a^3, et ainsi de suite...

La loi de Stevens s'énonce donc ainsi : la grandeur de la sensation croît comme une certaine puissance de la grandeur du stimulus. On pourrait s'étonner de voir que deux lois différentes rendent compte de la même liaison entre une variable physique et une variable psychologique. Il est indispensable de bien avoir à l'esprit que les grandeurs mesurées par les deux méthodes ne sont pas de même nature. En conséquence, les deux lois bien que différentes, ne sont pas contradictoires.

B. La perception

La sensation provoque l'activation d'un canal sensoriel qui va conduire le potentiel jusqu'au système nerveux central. Au niveau central, seront extraites un certain nombre d'informations relatives à la qualité du stimulus, à son intensité, à sa durée ; seront également extraites celles qui permettront de le localiser dans l'espace physique ou dans l'espace corporel. L'extraction de ces informations et leur prise de conscience constituent les composantes de la perception.

Il s'agit d'un mécanisme complexe dont la tâche est de coordonner diverses sensations ou plusieurs aspects d'une même sensation, dont l'impact a pour effet d'accroître les connaissances relatives à l'environnement et au-delà, de favoriser l'adaptation de l'organisme. La connaissance perceptive d'une situation donnée implique, en général, l'utilisation de plusieurs canaux sensoriels et l'articulation des informations qui parviennent aux centres supérieurs.

À titre d'exemple, considérons l'exploration tactile d'un objet. Elle nous informe sur sa texture, sa température, son poids, ses dimensions. Toutes ces informations proviennent de différents canaux et s'intègrent les unes aux autres dans l'acte perceptif au terme duquel nous identifions cet objet : les différentes sensations s'articulent les unes aux autres pour donner naissance à un **percept**.

■ Le percept

Si la perception est la « prise de connaissance sensorielle d'objets ou d'événements extérieurs plus ou moins complexes », l'objet, tel qu'il est perçu et que l'on désigne souvent en psychologie par le nom de percept, n'est cependant pas assimilable à une photographie de l'objet physique. Une photographie serait la même pour tous les sujets, et de plus, représenterait fidèlement non seulement l'objet lui-même mais aussi tous les objets présents autour de lui. Or, la perception ne procède pas ainsi, l'objet perçu est un objet sélectionné. Il est sélectionné car, bien que recevant toutes les informations fournies par cet objet, chacun d'entre nous ne retient que celles qu'il juge utiles pour satisfaire ses propres attentes. Ainsi s'explique le fait qu'un même objet peut être perçu d'une certaine manière par une personne et perçu différemment – quelquefois même non perçu – par la personne voisine partageant la même situation. Le même arbre n'est pas perçu de la même manière par un bûcheron, un artiste peintre ou un automobiliste maladroit. Les uns et les autres ne se comportent pas en spectateurs inactifs, chacun d'eux procède à une sélection d'indices qui lui permettent d'élaborer une véritable construction, ou plus exactement une véritable reconstruction de l'objet à partir de ses attentes ou de ses intérêts. L'un évaluera la qualité du bois, son poids, la trajectoire possible de sa chute, etc. ; l'autre sera sensible aux couleurs de son feuillage ; quant au troisième, il le percevra comme un objet dangereux qu'il cherchera avant tout à éviter.

Ces considérations nous amènent à définir, avec Reuchlin, le percept comme un ensemble d'informations sélectionnées et structurées en fonction de l'expérience antérieure, des besoins, et des intentions de l'organisme impliqué activement dans une certaine situation.

■ Les trois étapes perceptives

L'information est d'abord recueillie. Elle est ensuite sélectionnée. Elle est enfin suivant l'intérêt que le sujet lui accorde, codée, conservée et stockée en mémoire. C'est ainsi que Bruner et Postman distinguent, au cours des phénomènes relatifs à la perception et qui précèdent le codage, trois étapes successives : une étape au cours de laquelle le sujet s'apprête à capter l'information ; une étape où l'information est identifiée ; une étape au cours de laquelle il éprouve sa pertinence par rapport à ses attentes.

Nous allons successivement considérer les trois étapes au cours desquelles l'information utile se précise, se distingue et s'organise. Durant ces étapes, se manifeste une sélection qui assure la pertinence de l'information retenue par rapport aux buts poursuivis. Cette sélection tient compte des expériences passées et des connaissances stockées en mémoire.

Première étape perceptive : la capture des informations

On peut distinguer deux catégories d'informations parmi toutes celles qui parviennent sans cesse aux organes des sens : les informations attendues et recherchées et les informations inattendues mais qui cependant peuvent être vitales. Ces deux types d'informations correspondent à deux fonctions différentes des activités perceptives : la recherche de l'information et la surveillance de l'environnement.

La recherche d'information est un processus dirigé par l'attente du sujet. Elle consiste à scruter en permanence et d'une manière active la présence d'une information dans le champ perceptif. Nous entendrons par manière active une anticipation du moment où le signal est susceptible d'apparaître et une anticipation de sa nature. Ces anticipations se traduisent souvent par une mobilisation des mécanismes de capture du signal ; on parle alors de réaction d'orientation ou d'un état préparatoire. C'est le cas en particulier lorsqu'un premier signal peut avertir le sujet de l'arrivée prochaine et probable d'un second signal. Un cas typique de réaction d'orientation s'observe chez le chien de chasse qui « tombe en arrêt » dès qu'un indice visuel, auditif ou olfactif, lui permet de suspecter la présence du gibier.

Des mécanismes complexes mettant en jeu des circuits neuroniques situés au niveau du cortex et du mésencéphale assurent la mobilisation de l'organisme pour cette réaction d'orientation. Ils permettent, en outre, d'effectuer ce que les physiologistes désignent par le nom de capture sensorielle (J. Paillard, 1980). Les processus de capture visuelle sont, parmi tous les processus de capture sensorielle, ceux qui peuvent être le plus facilement observés et décrits. Lorsqu'un stimulus intéressant apparaît dans le champ visuel, les yeux et la tête s'orientent vers lui. La réaction d'orientation est une activité posturale directionnelle qui consiste de façon générale en une mise en position de le tête et du corps en direction de la stimulation. L'intervention de la motricité dans un processus essentiellement sensoriel montre l'importance et la complexité des mécanismes mis en jeu pour améliorer la perception. Il convient de noter qu'il s'agit de signaux ayant pour l'organisme une « signification particulière ». Ils sont tous susceptibles d'appeler une réaction assurant l'adaptation et, dans des cas extrêmes, la survie de l'organisme. La capture visuelle, en commandant une orientation des yeux et de la tête, exige la mise en œuvre d'une intégration sensori-motrice d'une complexité sans commune mesure avec celle d'un arc réflexe. Nous allons tenter de la décrire d'une manière succincte.

La sélection de l'information s'effectue, dans un premier temps, à partir de ses caractéristiques physiques. Ce sont les registres sensoriels ou pré-perceptifs qui assurent cette sélection. De l'ensemble des caractères physiques de l'information parvenue aux récepteurs sensoriels, vont seules être extraites et retenues quelques caractéristiques pertinentes compte tenu des attentes du sujet. Pour ce faire, l'information détectée est stockée pendant un court instant dans un registre sensoriel. Ces registres sensoriels ou pré-perceptifs sont placés sous l'influence de schèmes intellectuels ou motivationnels qui mobilisent l'attention du sujet. Celui-ci s'attend, en conséquence, à percevoir certains événements. C'est R. Sperling qui a mis en évidence ce phénomène de stockage momentané de l'information dans un registre sensoriel. Ses travaux ont essentiellement porté sur des tâches de rappel de stimuli visuels, en l'occurrence des lettres présentées pendant un temps très bref. Les sujets qui devaient, aussitôt après, indiquer toutes les lettres dont ils se souvenaient, déclaraient à l'expérimentateur, d'une part, qu'ils « voyaient » les lettres qu'ils évoquaient et, d'autre part, que celles-ci « s'effaçaient » avant qu'ils aient fini de les nommer. Le registre pré-perceptif conserve donc une image très fidèle, une image physique, du stimulus original. On désigne cette image visuelle par le terme d'**icon** et le phénomène de stockage par les termes de **mémoire iconique**. Les travaux de Sakitt (1976) ont montré quant à eux que la mémoire iconique provient essentiellement de la persistance rétinienne. Cependant, contrairement à une idée très répandue – et d'une manière très regrettable chez de nombreux pédagogues –, la mémoire iconique n'est pas une « simple mémoire visuelle photographique ».

Sperling a étudié la mémoire iconique à partir d'une expérience de rappel se déroulant dans deux conditions différentes. Dans chaque situation expérimentale, il présente au sujet trois lignes de quatre lettres soit, au total, douze lettres pendant quelques fractions de seconde. Puis le stimulus disparaît et on procède au rappel. Dans la première condition, le sujet doit rappeler toutes les lettres dont il se souvient, quelle que soit leur localisation sur le tableau de douze lettres initialement présenté. Dans la seconde condition, un signal sonore indique au sujet la ligne qu'il doit évoquer (son aigu pour la première ligne, médium pour la ligne du milieu et grave pour la ligne inférieure). Les résultats de l'expérience sont les suivants. En rappel global, première condition, les sujets évoquent en moyenne 5 lettres. En rappel partiel, deuxième condition, ils retiennent 3 lettres par ligne quelle que soit la ligne demandée. En d'autres termes, cela veut dire que le sujet a enregistré dans sa mémoire iconique neuf lettres parmi les douze lettres qui sont à sa disposition sur le tableau. Ces neuf lettres sont bien présentes dans la mémoire iconique et, en toute logique, devraient être toutes restituées lors du rappel, à la seule condition que le sujet dispose d'un temps suffisant pour les évoquer toutes. Cependant, toutes ne sont pas restituées au cours de l'épreuve de rappel global quel que soit le temps accordé au sujet.

Ces résultats ont soulevé de multiples questions avant d'être interprétés de la manière suivante : l'individu ne peut sélectionner, dans sa mémoire iconique, qu'une partie de l'information à partir de ses caractéristiques physiques. C'est cette partie de l'information qui a été conservée et qui sera traitée plus profondément par la suite.

Les propriétés sélectives du registre pré-perceptif visuel se retrouvent d'une manière tout à fait semblable dans le registre pré-perceptif auditif. Ce stockage momentané de l'information auditive porte le nom de **mémoire échoïque**. La durée de conservation de l'information auditive est cependant plus longue que celle observée dans le registre visuel.

De multiples stimulations proviennent à nos organes sensoriels qui les captent, les stockent momentanément dans les registres pré-perceptifs puis les transforment en potentiel bio-électrique qui chemine en direction des aires sensorielles du cortex cérébral. Il convient de rappeler que l'image sensorielle stockée temporairement dans les registres pré-perceptifs est une reproduction fidèle du stimulus original. C'est à partir de l'analyse physique de cette image que seront extraites les informations pertinentes par rapport aux finalités adaptatrices qui caractérisent toutes les activités des systèmes vivants.

Les registres sensoriels sélectionnent les caractères physiques de l'information sous le contrôle de l'**attention** du sujet. Le rôle de l'attention, et en particulier de l'attention sélective, dans le déroulement des processus perceptivo-cognitifs est en effet primordial. Les travaux de D.E. Broadbent (1970), en psychologie expérimentale, ont permis de construire un modèle qui sert de référence pour analyser les processus attentionnels.

Dans ce modèle, l'attention est considérée comme un processus de sélection perceptive où certains aspects de l'information sensorielle (désignés sous le terme de « canaux ») sont triés et filtrés. Ce filtre atténue certains aspects du stimulus et en amplifie d'autres. Selon ce modèle, les systèmes perceptifs seraient comme des canaux de communication, mais des canaux à capacité limitée.

Des expériences d'écoute dichotique, c'est-à-dire d'écoute simultanée d'un double message (verbal ou non verbal) donné simultanément à l'oreille droite et à l'oreille gauche, ont montré que, si un sujet fixe son attention sur le message donné à une oreille, il ne retient du message offert à l'oreille non attentive que certaines caractéristiques physiques du stimulus de nature très élémentaire, mais il est incapable d'en reconnaître la valeur sémantique.

C'est à partir de telles constatations que la théorie de l'attention de Broadbent a été bâtie. Elle situe le dispositif de filtrage et de tri après les analyseurs des caractéristiques physiques du stimulus, c'est-à-dire au niveau des registres sensoriels mais avant les dispositifs de décodage de l'information sémantique.

Ce modèle de l'attention postule donc l'existence d'au moins deux mécanismes attentionnels qui opèreraient à deux niveaux différents de la hiérarchie des stades de traitement de l'information. Un de ces processus, nous venons de le voir, se situerait à un stade relativement précoce, celui de la sélection des caractéristiques physiques du stimulus. Broadbent le désigne par le terme de « stimulus set ». L'autre processus se situerait à un niveau plus tardif et plus complexe qui serait celui de l'identification sémantique et qui indexerait simultanément la catégorie du stimulus et les réponses devant lui être associées. Ce processus est qualifié « réponse set ».

Seconde étape perceptive : l'identification de l'information

L'information, une fois détectée et conservée temporairement dans un magasin pré-perceptif, se trouve donc disponible. En interaction et en simultanéité avec le processus de sélection que nous venons de décrire, s'opère un second processus : celui de l'identification des informations parvenues jusqu'au registre perceptif. Les images pré-perceptives vont être identifiées au moyen de comparaisons entre l'image sensorielle, c'est-à-dire les informations stockées dans le registre pré-perceptif, et d'autres informations conservées en mémoire.

Les comparaisons ainsi opérées engendrent parallèlement à l'activité sélective une activité organisatrice s'exerçant sur l'information sensorielle. En fait, l'information telle qu'elle est reçue permet souvent plusieurs interprétations perceptives différentes. C'est tout particulièrement le cas des figures ambiguës qui, regardées pendant quelques instants, suscitent deux interprétations perceptives possibles. Ces deux interprétations se succèdent alternativement dans la perception de l'observateur sans que celui-ci puisse contrôler cette alternance.

On connaît bien certaines de ces figures. Celle de E. Rubin représente tantôt deux vases identiques, tantôt un visage, suivant que l'on interprète la forme ou le fond. D'autres figurent montrent tantôt un escalier, tantôt un plafond à caissons. Si les figures ambiguës constituent des cas tout à fait exceptionnels, il n'en reste pas moins vrai qu'en général, nous ne sommes pas conscients de la multiplicité des interprétations perceptives dont nous disposons à partir d'une même information sensorielle. Les théories développées par l'école gestaltiste sur la manière dont s'élaborent les interprétations formulées à partir de certaines perceptions, méritent qu'on s'y attarde quelques instants.

La théorie de la forme ou la gestalt théorie. L'école gestaltiste, fondée à Berlin vers 1910, développe l'idée suivant laquelle la signification d'un stimulus n'est pas la juxtaposition des significations des éléments qui le composent pris isolément ; la forme globale est une structure qui possède une identité propre. Cette conception a conduit à distinguer les « objets » et les « formes ». Lorsque les formes sont ambiguës, les théories de la Gestalt prévoient que, parmi toutes les interprétations possibles, l'une d'entre elles est largement majoritaire. Il semblerait donc que les mécanismes perceptifs obéissent aux mêmes lois, ou à des lois à peu près identiques, pour tous les individus. Ce sont les lois de l'organisation perceptive, ou les lois de la bonne forme. Nous en donnons ci-dessous les principes et quelques exemples.

Le premier principe ou principe de continuité prévoit que des éléments proches sont perçus comme appartenant à la même forme.

Le second affirme qu'il en est de même pour des éléments relativement semblables.

Le troisième précise que des éléments orientés dans la même direction tendent à s'organiser en une forme.

Le quatrième décrète qu'une figure est une « bonne forme » dans la mesure où elle est simple et symétrique.

Enfin, le cinquième principe, ou principe de clôture, suppose que les individus perçoivent plus facilement les figures aux contours simples et fermés et que nos mécanismes perceptifs ne parviennent qu'avec difficulté à interpréter les tracés présentant des lacunes ou des formes cachées dans des figures embrouillées. On a mis en évidence de très nombreuses et importantes différences individuelles dans les épreuves de reconnaissance de figures simples cachées au sein de figures complexes dites « figures embrouillées ». H.A. Witkin les explique par l'existence d'un « style cognitif » caractérisant l'individu de façon beaucoup plus générale : l'indépendance à l'égard du champ. Nous exposerons dans un prochain chapitre consacré aux différences individuelles dans le domaine de la personnalité, ce qu'il faut entendre par style cognitif et plus particulièrement par la dimension mise en évidence par les travaux de Witkin, à savoir la dépendance-indépendance du champ.

Mécanismes d'identification perceptive. Pour rendre compte de la manière dont fonctionnent les mécanismes de l'identification perceptive, deux conceptions théoriques semblent a priori s'opposer.

La première, d'inspiration gestaltiste, privilégie la perception globale de la forme. Reconnaître ou identifier un objet à partir des seules informations sur sa forme nécessite que l'organisme ait préalablement une représentation de cet objet à laquelle il va pouvoir comparer son apparence actuelle. Cette comparaison repose sur un appariement entre l'image sensorielle et une sorte de gabarit ou d'image-type stockée en mémoire. Il y aurait reconnaissance de l'objet quand son image sensorielle et le gabarit se superposent exactement. Tout changement de taille ou d'orientation de la forme ne permettrait pas l'appariement, ce qui n'a pas été vérifié expérimentalement. On a donc proposé une conception plus souple du concept de gabarit, celle de prototype. Par prototype, on entend une représentation abstraite en mémoire d'une forme ou d'un objet résultant d'une synthèse statistique de tous les patrons individuels des formes d'une certaine catégorie. Le concept de prototype est donc lié à celui de catégorie.

Pour J.S. Bruner, l'activité perceptive procède par catégorisation au même titre que l'activité conceptuelle. Le sujet dispose de catégories définies par des règles qui permettent de considérer les objets comme équivalents. Les mathématiciens appellent ces règles des relations d'équivalence. La catégorisation se fonde sur des inférences que le sujet effectue à partir des informations telles qu'elles sont fournies par l'objet à un moment donné. Ces inférences sont de même type que celles qui gouvernent l'ensemble des activités cognitives, et tout particulièrement les activités logiques. Ainsi, les catégories seraient apprises, ce sont elles qui permettent au sujet d'avoir une représentation perceptive du réel.

Le modèle de Bruner postule donc que la troisième étape perceptive est l'aboutissement d'une série de décisions en chaîne, chacune étant provisoire et devant être confirmée par une exploration de l'objet à identifier.

La seconde théorie, issue de l'associationnisme, s'oppose tout naturellement au courant gestaltiste. Elle suppose la description de l'image en « traits », c'est-à-dire en unités caractéristiques de l'image sensorielle et repose sur une argumentation issue à la fois de le neurologie, de la psychologie et de l'intelligence artificielle. Les neurologues ont en effet découvert dans la rétine du chat une organisation neuronale telle que seules certaines cellules permettent de déceler des traits verticaux, horizontaux ou inclinés. Les résultats expérimentaux du psychologue U. Neisser (1964) confirment l'hypothèse suivant laquelle le modèle d'identification qui utilise les traits, prédit des confusions entre les formes qui ont des traits communs. Enfin, les modèles utilisés en intelligence artificielle mettent l'accent sur le fait que les ordinateurs reconstituent les différents traits en image et comparent cette image à celle qu'ils sont censés rechercher.

Les découvertes récentes dans ce domaine tendent à prouver que les deux théories ne sont pas contradictoires, mais qu'elles correspondent en fait à deux moments successifs du traitement de l'information. L'étude des processus attentionnels a montré en effet que, si le stimulus est d'abord appréhendé dans sa globalité, il fait ensuite l'objet d'un examen effectué trait après trait, permettant de la sorte une identification plus spécifique. On peut donc décomposer le processus en deux moments successifs. Après la phase pré-attentionnelle d'identification globale, une phase de focalisation de l'attention permet d'analyser l'objet dans les moindres détails.

Ces processus séquentiels d'identification des inputs mettent ainsi en évidence la nature adaptative de la perception. La perception est par nature adaptative et se donne les moyens pour l'être.

On observe, par exemple, que dans un grand nombre d'apprentissages, les progrès observés dans la performance (on dira la variable dépendante) sont entièrement expliqués par des progrès concernant la perception des informations. Ces progrès peuvent prendre différents aspects, notamment d'un affinement de la perception, ce qui se traduit par exemple par une diminution du seuil absolu ou du seuil différentiel, ou encore par une différenciation de stimuli complexes jusque-là indiscernables. Un entraînement peut également modifier la sélection des informations par le récepteur sensoriel et par le système nerveux central qui contrôle directement cette sélection. Ainsi, dans la conduite automobile, un conducteur chevronné prélève dans son environnement, des informations visuelles situées plus loin que celles prélevées par un conducteur débutant et leur distance est proportionnelle à la vitesse du véhicule.

Les progrès les plus caractéristiques concernent la structuration immédiate du champ perceptif en fonction des finalités de l'action, structuration qui se manifeste dans les activités aussi diverses que le football, le jeu des échecs, la lecture rapide d'une partition musicale ou celle d'un écran de jeu vidéo. Dans le jeu de football, ce ne sont pas toujours des aptitudes physiques exceptionnelles qui distinguent le joueur de niveau international des autres joueurs. Mais les progrès réalisés au cours de ses apprentissages, les effets de ses entraînements successifs qui l'ont conduit à posséder une structuration rapide de son champ perceptif. Cette structuration rapide du champ visuel le rend plus efficace que d'autres joueurs possédant les mêmes qualités physiques. Elle lui permet de situer, d'un simple coup d'œil, ses coéquipiers « démarqués » et ses adversaires en position dangereuse.

D'autres progrès peuvent avoir des origines plus complexes. Ils font intervenir, conjointement à la structuration rapide du champ perceptif, d'autres opérations cognitives permettant de mobiliser les acquis antérieurs, de les projeter dans le futur et d'anticiper les résultats attendus. C'est le cas du joueur d'échecs qui à travers la disposition des pièces sur l'échiquier anticipe ses prochains coups et les ripostes de son adversaire. Au moyen de cette anticipation, il développera ainsi sa propre stratégie. Citons encore comme exemple la rapidité de lecture d'une partition musicale ou celle d'un jeu vidéo. La lecture rapide est due non seulement à des automatismes réduisant le temps de choix des stimuli, mais aussi à des anticipations rendues possibles par la découverte de configurations dans les stimuli présentés. Tel est le cas du jeune lecteur dont les progrès dans son apprentissage de la lecture sont le fruit d'une saisie et d'une identification d'indices au sein même du texte écrit. Une saisie et une identification de plus en plus rapides et de moins en moins erronées permettent ainsi les anticipations nécessaires à l'accession au sens et à la compréhension du texte.

Au cours de l'étape d'identification perceptive, les attributs analysés par les canaux spécifiques de traitement de la couleur, du mouvement, de l'orientation, de la forme sont rapportés à un même objet.

Troisième étape perceptive : l'évaluation des informations

Au cours de la troisième étape, le sujet teste ses hypothèses perceptives. L'information qu'il a captée, qu'il a sélectionnée, et de surcroît qu'il a identifiée comme telle, est-elle vraiment celle qu'il attendait, et, question essentielle, est-elle celle dont il avait besoin afin de réaliser ou de parfaire son adaptation ? L'évaluation de l'information sera fonction du besoin fondamental d'adaptation qui caractérise tous les êtres vivants.

Le sujet évalue alors l'adéquation entre ses attentes et l'information recueillie. Deux cas se présentent : si ses attentes sont confirmées, le percept est stocké dans le champ de la conscience ; sinon, à partir de l'information prélevée, d'autres hypothèses sont envisagées.

Au cours de cette troisième étape, des phénomènes de distorsion perceptive peuvent se manifester : les objets qui correspondent aux hypothèses sont mieux perçus. Nous parlons d'illusion lorsqu'il existe une non-concordance entre notre perception et notre représentation cognitive du même stimulus physique. Il existe une très abondante littérature sur les illusions d'optique. Il faut cependant reconnaître que les explications données sont souvent loin d'être satisfaisantes. Par ailleurs, des déformations s'efforçant d'ajuster l'objet à l'hypothèse peuvent se produire. Un sujet auquel on présente deux petits cercles identiques placés l'un à coté de l'autre, « percevra » une paire de lunettes si, antérieurement, on lui a suggéré que cette image était possible, des haltères si c'est cette éventualité qui lui a été présentée. Dans d'autres cas, enfin, certaines caractéristiques dimensionnelles du matériel à observer peuvent être accentuées. Les objets perçus sont alors surestimés ou sous-estimés, du fait de schèmes motivationnels et intellectuels. On citera, à titre d'exemple, l'expérience de Bruner et Goodman. Ces auteurs ont mis en évidence la liaison entre la taille perçue d'un objet et la valeur sociale que le sujet attache à cet objet. Des pièces de monnaie paraissent de plus grande taille que des disques de carton de même diamètre, et cette surévaluation est bien plus grande chez les enfants issus de familles pauvres que chez les enfants issus de familles riches.

En conclusion, nous pouvons dire que les sensations élémentaires fournies par les mécanismes de la transduction sensorielle au niveau des récepteurs périphériques sont triées, sélectionnées, traduites puis intégrées les unes aux autres pour donner naissance aux perceptions qui sont des élaborations actives du cerveau. La psychologie quotidienne semble admettre qu'il est plus facile de percevoir une forme dénommable (c'est-à-dire significative) qu'une forme non dénommable. Cette supériorité traduit la prééminence des processus cognitifs dans la perception. Nous exposerons dans le chapitre suivant comment les catégories sémantiques et les catégories phonologiques nous permettent d'organiser et de stocker en mémoire les informations qui nous parviennent par l'intermédiaire des différents récepteurs sensoriels que nous venons sommairement de décrire.

2. Le codage des informations

Les informations une fois saisies, sélectionnées et identifiées vont être stockées et transformées afin de pouvoir être traitées. Notre système cognitif fonctionne comme un ordinateur : le traitement ne peut pas porter directement sur les objets extérieurs. Il faut qu'il dispose, en premier lieu, de ce qu'on appelle un **code**, un langage, un index, bref un système de signifiants. Mais il faut également que l'organisme effectue par la suite une traduction des objets dans le code adéquat et qu'il puisse retrouver cette traduction chaque fois qu'elle s'avère nécessaire au traitement. Le problème qui se pose alors est de trouver des structures qui permettront non seulement le stockage des informations, mais qui en assureront aussi leur restitution en vue de leur utilisation ultérieure lors de leur traitement par le système. C'est pour cette raison que la fonction de codage ne peut être considérée séparément de la fonction de stockage. Cependant, pour des raisons essentiellement didactiques, nous exposerons dans un premier temps, les différents codes servant de support aux activités cognitives en insistant plus particulièrement sur ceux qui concernent le langage. Dans un second temps, nous étudierons la fonction de stockage.

A. Les différents codes utilisés

Les informations relatives à des objets ou à des événements donnent naissance à un système de signifiants : indices, images mentales, symboles et signes qui serviront de support aux activités cognitives. Nous allons par la suite définir avec toute la précision requise ces différents termes qui, pour le psychologue et le linguiste, ne recouvrent pas toujours la même réalité. Ces problèmes de terminologie constituent un handicap pour le développement des sciences cognitives qui sont, par l'objet même de leurs investigations, de nature pluridisciplinaire.

Toute activité cognitive consiste à relier des significations et à les combiner entre elles. Toute signification suppose par ailleurs un rapport entre un « signifiant » et une réalité signifiée. Précisons d'abord que nous prenons le mot signifiant dans son sens le plus large : un élément A est un signifiant d'un élément B, chaque fois qu'il est possible de substituer l'élément A à l'élément B.

Une question se pose immédiatement. Quelle est la nature de ces substituts avec lesquels et sur lesquels l'homme agit de façon cognitive ?

Pour bien rendre compte de la nature des substituts ainsi utilisés, J. Nuttin (1984) affirme qu'« il faut voir ce qu'ils ont de commun et de distinctif par rapport à d'autres catégories d'images et de substituts d'objets ». Image et représentation ont en commun la référence à une autre chose, à un autre objet ou à un autre événement ; leur fonction est d'être le « signifiant » de cette autre chose, c'est-à-dire de « signifier » quelque chose au-delà de ce qu'elles sont.

Les substituts sont utilisés à deux fins différentes : ils servent à communiquer et à représenter. Les conduites regroupées sous les termes de représentation et de communication partagent une caractéristique structurale essentielle : elles utilisent des substituts qui véhiculent un sens.

Dans le règne animal, on peut dire que la communication est déjà porteuse d'un sens. Elle s'effectue au moyen de cris. Ceux-ci sont en effet souvent employés par les animaux pour communiquer entre eux, c'est-à-dire pour transmettre, généralement à des êtres de leur espèce, une information, un message. Tel est le cas de la marmotte. Par son cri d'alerte, elle signale la présence du prédateur dangereux et provoque ainsi la fuite, et souvent la survie, de sa congénère. Pour certains observateurs, ce comportement appartient déjà au domaine des conduites sémiotiques dans la mesure où le cri d'alerte se substitue à la perception du prédateur par l'animal récepteur du message et prend, de ce fait, un certain sens : « Un danger peut survenir. » D'autres, en revanche, dénoncent le caractère très anthropomorphique de cette interprétation. « Le cri ne se substitue à la vue du rapace que pour provoquer une réponse immédiate. On dira que le cri est un signal. » (Reuchlin, 1977) Le signal apparaît comme un substitut spécialisé, propre à susciter une réponse spécifique et stéréotypée : la fuite. Cette réaction de fuite est une réaction anticipatrice et utile car elle provoque une adaptation immédiate de l'animal à une modification imminente de la situation.

Nous développerons ultérieurement, à propos du langage, l'importance du rôle de la communication dans le fonctionnement des activités cognitives.

Les « signifiants » servent aussi à représenter. Représenter, pour le sujet, c'est extraire des informations relatives à des objets ou à des événements, et substituer ces informations codées aux objets eux-mêmes ou aux événements, lorsqu'il entre en communication avec ses pairs. Représenter, c'est aussi coder les informations qui parviennent aux organes des sens en vue de leur traitement dans les activités cognitives. Le sujet humain construit ses représentations, soit à partir des informations qu'il tire lui-même des objets ou des événements, soit à partir des informations qui lui sont transmises au moyen du langage. Ce sont les représentations construites suivant l'une ou l'autre de ces deux modalités que l'individu manipule ensuite mentalement dans ses opérations cognitives.

Alors que la communication a une finalité collective, les représentations ont une finalité purement individuelle.

B. Les représentations

Nous donnons au mot représentation un sens très large car les nombreuses définitions de la représentation que l'on peut rencontrer soulignent, en général, le caractère assez confus de cette notion. C'est un « mélange » de connaissances, de valeurs, d'attitudes, d'opinions et d'attentes. Cet ensemble peut être plus ou moins organisé, plus ou moins structuré.

En général, les représentations renvoient au vécu, au conscient, au concret, au donné phénoménologique. L'« univers cognitif » est la vision que les individus ont d'eux-mêmes et de leur environnement. Cet univers cognitif est constitué d'éléments non indépendants : les **cognèmes**. Les cognèmes peuvent prendre des dénominations diverses : choses, savoirs, opinions, croyances, traits, attributs, concepts, items d'information. J.-P. Codol (1969) appelle représentation n'importe quelle forme d'interdépendance entre les cognèmes que possède un individu en rapport avec un objet (ou une classe d'objets) donné. Il ne peut donc y avoir de représentation en soi, il n'y a de représentation que pour un individu donné en référence à un objet particulier. Dans cette optique, la représentation est donc un sous-ensemble de l'univers cognitif qui privilégie les cognèmes mis en œuvre quand on s'intéresse à un objet. Les cognèmes sont des codages de la réalité, on peut les considérer comme des connaissances en donnant au mot connaissance un sens très large. Il faut bien noter en effet que l'adéquation entre la réalité objective (c'est-à-dire la connaissance scientifique de cette réalité) et la représentation que nous en avons, peut présenter toute une série de degrés.

La définition proposée ci-dessus nous permet encore de préciser ce qu'on peut entendre par « caractère concret des représentations ».

Lorsque l'objet de la représentation est présent, il est en principe possible d'inférer, uniquement à partir du comportement du sujet, l'existence de cognèmes et de règles d'interdépendance entre eux qui constituent la représentation de cet objet.

Lorsque l'objet de la représentation est absent, et de plus assez abstrait, comme c'est le cas dans la représentation de soi, il est nécessaire, pour appréhender les représentations, de faire appel à des procédures d'introspection.

On peut alors parler de conscience des cognèmes, ou des ensembles de cognèmes. Mais il n'est pas nécessaire de caractériser selon le critère de « conscience » les règles d'interdépendance entre les cognèmes. Ces règles peuvent très bien ne pas être conscientes. Piaget dans une célèbre communication devant la Société américaine de psychanalyse a parlé d'inconscient cognitif. Le caractère conscient est une propriété des éléments et non une propriété de la structure.

En résumé, le propre de la fonction sémiotique est de permettre la représentation du réel par l'intermédiaire de « signifiants » distincts des choses « signifiées ». Pour ce faire, le sujet peut faire appel à plusieurs types de substituts que nous avons appelés des représentations au sens large. On distingue ces représentations les unes des autres par le degré de différenciation et de coordination entre le signifiant et le signifié.

C. Les différents types de représentations

Tenant compte du degré de différenciation entre le signifié et son substitut, d'une part, et des formes comportementales qui en découlent, d'autre part, J.-P. Bronckart (1987) distingue quatre formes de représentations. Les deux premières sont appelées représentations primaires ; les deux dernières, représentations secondaires.

Les **représentations primaires** (ou spéculaires) reposent sur des substituts d'un objet concret ou d'un acte singulier. Ce sont les **indices** et les **images mentales**. Les indices ont été ainsi définis par Piaget (1947) : « Le signifiant constitue une partie ou un aspect objectif du signifié, ou encore lui est relié par un lien de cause à effet : des traces sur la neige sont, pour le chasseur, l'indice du gibier, et l'extrémité visible d'un objet presque entièrement caché est, pour le bébé, l'indice de sa présence. L'indice, même artificiellement provoqué par l'expérimentateur, constitue pour le sujet un simple aspect partiel de l'objet dont il signale la présence ou de l'événement qu'il annonce. »

Les images mentales dont l'expérience est reconnue par tous, n'ont pas encore livré leur secret quant à leur fonction et quant aux processus qui les génèrent ou les utilisent. Tous les résultats de travaux de recherche sur les relations entre images mentales et la perception confirment leur caractère perceptif, sans qu'on puisse toutefois affirmer qu'il y a réellement perception de ces images. F. Bresson (1987) rejette l'interprétation naïve suivant laquelle il y aurait perception de l'image mentale. « Dans la perception, écrit-il, le percept qui correspond à notre expérience visuelle de l'environnement dépend des informations qui sont recueillies par nos récepteurs orientés sur cet environnement, et dépend aussi des processus de traitement appliqués à ces informations [...]. Les images mentales sont contrôlées par des traces, quel que soit le statut de ces traces, issues de perceptions antérieures et par les traitements appliqués à ces traces : il ne peut y avoir recueil de nouvelles informations comme dans la perception, mais traitement nouveau des informations correspondant à ces traces et éventuellement à d'autres que celles directement liées à la scène représentée. » En d'autres termes, on peut distinguer perception et image mentale de la manière suivante : alors que la perception a pour origine une stimulation périphérique, l'image mentale s'évoque de façon centrale. Le point de départ de l'image mentale est, évidemment, la perception antérieure d'un objet. L'objet réellement perçu et activement codé dans le passé laisse dans l'organisme une trace susceptible d'être réactivée et ré-évoquée en termes d'image.

Au niveau fonctionnel, les indices jouent un rôle fondamental dans les comportements passifs de reconnaissance ou d'identification. Les images mentales s'objectivent quant à elles dans des comportements actifs d'évocation d'objets absents. Dans la manipulation cognitive, ces substituts, qu'il s'agisse des indices ou des images mentales, fonctionnent comme une re-présentation de l'objet concret ou de l'événement réel.

Les **représentations secondaires** constituent une catégorie très importante du point de vue numérique. Ces représentations marquent, par comparaison aux représentations primaires, une étape supplémentaire dans la différenciation entre « signifiants » et « signifiés ». Elles se distinguent des indices et des images mentales en ce sens qu'elles fonctionnent comme substituts de toute une classe d'actes ou d'objets et non comme substituts d'un acte singulier ou d'un objet concret et unique. Elles expriment, en elles-mêmes, une idée ou un concept.

Les **symboles** sont des substituts qui, bien que très « stylisés » et « épurés », conservent quelque degré de ressemblance avec le référé. Les panneaux de signalisation routière annonçant un croisement, représentent une croix de Saint-André qui n'est pas sans analogie avec la configuration la plus fréquente d'un carrefour. La fillette qui accède à la fonction sémiotique (en général, au cours de sa deuxième année) joue avec sa poupée « à la maman » en lui prodiguant des soins ou en lui parlant comme le fait avec elle sa propre mère. Ces jeux que l'enfant substitue à des situations réelles, sont regroupés par Jean Piaget, dans son ouvrage *La Formation du symbole chez l'enfant* (1945), sous le nom générique de jeux symboliques. C'est la conjonction entre l'imitation, effective ou mentale, d'un modèle absent et les significations fournies par les diverses formes d'activité assimilatrice qui permet, chez l'enfant, la constitution de la fonction symbolique.

Les **signes** se distinguent de tous les autres signifiants par le fait qu'ils se différencient totalement du signifié. C'est la raison pour laquelle Ferdinand de Saussure et les linguistes qui se réclament de lui, ainsi que Piaget et les psychologues appartenant à l'école genevoise, réservent le nom de « signes » à des substituts arbitraires et conventionnels. Cette fonction sémiotique particulière « se caractérise par la représentation », pour l'École de Genève, et toujours dans l'optique piagétienne, elle est « génératrice de représentation ». Les signes sont purement conventionnels. Ainsi, le mot « table » est associé à l'objet qu'il représente sans qu'il y ait de relation, sinon conventionnelle, qui relie l'objet lui-même aux phonèmes (ou au graphisme correspondant au mot écrit) utilisés pour le désigner. L'univers des signes englobe donc celui du langage au sein duquel il faudra cependant distinguer le sous-univers du langage écrit et celui du langage oral. Notons toutefois que l'univers des signes ne saurait se confondre entièrement avec celui du langage. À ce propos, Reuchlin (1977) remarque que l'homme disposant du langage peut communiquer sans faire appel à lui. On peut, selon cet auteur, distinguer trois catégories parmi ces conduites. Les premières concernent le regard, les mimiques, certains gestes qui sont interprétés de manière identique dans des cultures différentes. Les secondes concernent les signes utilisés dans la vie courante au sein de groupes sociaux plus ou moins étendus : les vêtements de deuil, les robes nuptiales, etc. La troisième catégorie concerne les codes non-linguistiques qui ont fait l'objet d'une définition formelle, le langage des sourds par exemple, ou le dessin technique qui, par son usage intensif de représentations conventionnelles, appartient également à l'univers des signes alors que le dessin artistique, qu'il soit figuratif ou abstrait, appartient, quant à lui, à la catégorie des représentations symboliques. Ceci étant dit, force est de constater que le langage, dans sa forme verbale ou dans sa forme écrite, est le support par excellence des activités cognitives et par là même, de la pensée humaine.

D. Le langage

Par l'intermédiaire du langage, le monde de la représentation symbolique s'enrichit considérablement du fait qu'il ne trouve pas sa source dans la seule expérience individuelle, mais dans l'expérience et le fonctionnement cognitif de tous les hommes. L'expérience et la pensée des hommes se sont transmises au cours des siècles et viennent enrichir continuellement la vie cognitive des générations suivantes. « On réalise ce que cela signifie comme nouvelle extension de l'univers dans lequel l'homme se comporte. Le mot est porteur et transmetteur du contenu symbolique qu'il exprime. Grâce à cette transmission, chaque individu participe en quelque sorte au monde "objectif" de tous les hommes. Essentiellement de même nature que le monde de la pensée, la communication et l'expression verbales précisent et parachèvent aussi le fonctionnement cognitif. » (Nuttin, 1984)

La communication est si intimement liée au fonctionnement cognitif que de nombreux chercheurs dont L.S. Vygotsky (1962) et par la suite Bronckart (1987) considèrent le langage humain comme le résultat de la fusion des capacités communicatives et représentatives. Pour Bronckart, le langage est un système « cogéré » par le groupe et par l'individu, et on peut le considérer comme la véritable interface du social et de l'individuel. Le langage est donc à la fois un outil de pensée et un outil de communication propre à l'homme. Les diverses disciplines s'intéressant au langage lui-même ou à ses formes d'acquisition, abordaient naguère ces questions d'une manière relativement indépendante, sans qu'un lien étroit fût établi entre elles. Depuis peu, le développement de la grammaire générative, de la linguistique, de la psycholinguistique, de l'intelligence artificielle et de la neuropsychologie cognitive a permis d'envisager la production, la perception et la compréhension du langage comme des opérations portant sur des représentations mentales. Cette approche pluridisciplinaire du langage constitue sans aucun doute une avancée majeure des sciences cognitives. Les traitements relatifs au langage sont désormais conçus comme des processus de transformation conduisant d'une forme de représentation mentale à une autre forme de représentation mentale.

Le langage joue donc un rôle privilégié dans les processus cognitifs. Il détermine la perception du monde et détermine la pensée ; il est l'outil de communication propre à l'espèce humaine. On ne peut prétendre exposer même sommairement les conduites langagières sans donner au lecteur quelques indications sur la discipline ayant pour objet l'étude scientifique du langage, la linguistique.

Présentation succincte de la linguistique

Saussure a fondé la linguistique moderne en considérant la langue comme un code commun à l'ensemble des individus appartenant à une même communauté linguistique, c'est-à-dire comme un **système**. Un tel système est un ensemble de relations. Il compare le système de la langue au système constitué par les règles du jeu d'échecs. Ce n'est pas la matière, ce n'est pas davantage la forme des pièces qui déterminent leur identité et leur fonction dans le jeu, mais les règles du jeu qui les définissent. Il en est de même pour les mots au sein de la langue. Un même mot prononcé dans deux contextes particuliers, donc entretenant avec les mots qui l'entourent des relations différentes peut linguistiquement ne plus être le même, alors que les mêmes sons prononcés de manière différente, par deux personnes étrangères par exemple, mais dans le même contexte sont perçus comme se rapportant au même mot.

Deux types de rapports fournissent aux mots leur identité : les **rapports syntagmatiques** et les **rapports paradigmatiques**.

Les rapports syntagmatiques concernent les rapports qu'un mot entretient avec ceux qui précèdent et ceux qui le suivent. « Nous irons à la plage, si le temps le permet. » Le terme « temps » est déterminé d'abord par le rapport syntagmatique qu'il entretient avec « nous irons à la plage », et les conditions météorologiques évoquées par la suite. Le même mot aurait pris une signification différente dans la phrase suivante : « Nous irons à la plage, si nous en avons le temps. » Les rapports paradigmatiques sont des rapports de type associatif. Le paradigme est la classe constituée par l'ensemble des unités pouvant être substituées les unes aux autres par commutation en un point de la chaîne parlée : « J'ai vu un (chien, chat, oiseau, etc.). »

Comme il a été dit précédemment, l'un des principaux apports de Saussure à propos du langage est sans doute la place qu'il accorde au signe linguistique. C'est à lui que l'on doit la distinction, désormais classique, entre le signifiant et le signifié. Le lien unissant le signifiant au signifié est arbitraire dans sa théorie du signe linguistique. C'est par référence à cette définition que les psychologues distinguent désormais, sans ambiguïté, le signe du symbole. Nous accorderons une place particulière à la théorie linguistique de N. Chomsky. À la suite de la formulation de cette théorie, s'est développée une « psycholinguistique », discipline qui concerne l'activité des psychologues du langage utilisant des termes ou des théories empruntés à la linguistique (Reuchlin, 1977).

■ Chomsky et la grammaire générative

Chomsky a proposé une théorie que l'on désigne souvent par le nom de grammaire générative, dont l'influence sur les recherches en psychologie est considérable. Bronckart (1977), dans un ouvrage auquel nous renvoyons le lecteur désireux d'approfondir ses connaissances dans ce domaine, compte quatre formes successives de cette théorie. Chomsky, en proposant la théorie de sa grammaire générative, se donne l'objectif suivant : rendre compte de la capacité de l'homme à produire (« générer ») et à comprendre des énoncés linguistiques (« phrases ») en nombre infini. La « grammaire générative » n'est pas normative, c'est-à-dire qu'elle ne repose pas, comme la « grammaire classique », sur un ensemble de règles qu'il convient de respecter scrupuleusement en vertu « du bon usage ». Elle est un ensemble fini d'instructions (au sens que leur donnent les programmes informatiques) qui conduisent le sujet à « générer », à produire des phrases qui appartiennent à la langue. Si l'on applique systématiquement et de manière exhaustive toutes ces instructions, on engendre toutes les phrases grammaticalement correctes de la langue. L'ensemble des règles constituant la grammaire peut être subdivisé en trois parties appelées composantes phonologiques qui concernent la prononciation des mots et des phrases, syntaxiques qui s'intéressent aux règles de construction des phrases et sémantiques qui touchent plus particulièrement à leur signification.

La même phrase peut ainsi être étudiée de trois manières différentes : la façon dont elle est et doit être prononcée, l'ordre qui préside à la succession de ses mots et la recherche de sa signification. Chomsky distingue également deux types de « structures » qu'il présente dans un ordre hiérarchique, la structure superficielle (on dit aussi de surface) et la structure profonde. La structure profonde renvoie au contenu sémantique de la phrase ; alors que la structure superficielle, obtenue par transformation de la structure profonde, renvoie à l'aspect phonétique de la phrase. Les règles transformationnelles qui appartiennent à un sous-ensemble de la composante syntaxique, permettent de passer de la structure profonde à la structure de surface. Chomsky emprunte le terme « syntagme » à la linguistique saussurienne en lui donnant toutefois une signification beaucoup plus large. Il définit les syntagmes comme des groupes d'éléments formant une unité. Ainsi, dans la phrase : « La grande fille coiffe sa poupée blonde. », le syntagme « la grande fille » est un syntagme nominal SN, et le syntagme « coiffe sa poupée blonde » est un syntagme verbal SV.

La compréhension du langage représente, actuellement, un domaine majeur et fédérateur de la recherche pluridisciplinaire en sciences cognitives. La compréhension d'une phrase exige la mise en relation des informations issues du lexique, à savoir le stock de noms, de verbes, d'adjectifs et d'adverbes que le sujet produit et comprend, avec celles provenant de la syntaxe (ordre des mots, catégories syntaxiques, hiérarchie structurale, etc.). La complexité du savoir linguistique et celle de son utilisation, l'acquisition de ce savoir et sa gestion au sein de la mémoire constituent, aussi bien pour le linguiste que pour le psychologue un véritable défi.

Nous ne pouvons, dans le cadre de cette présentation rapide d'un problème extrêmement complexe, en développer tous les aspects. Afin cependant de préciser la nature et le rôle de ces différentes informations impliquées dans la compréhension du langage, nous limiterons notre propos à la reconnaissance des mots qui constitue, sans doute, une première étape, mais une étape décisive de cette démarche.

■ Reconnaissance des mots et compréhension de la phrase

Reconnaître un mot implique une mise en correspondance entre sa forme physique, auditive ou visuelle suivant qu'il s'agit d'un mot prononcé ou écrit, et une représentation abstraite de cette forme en mémoire à long terme. Ce sont les représentations mentales ainsi que les règles impliquées dans cette correspondance que la psychologie cognitive cherche à décrire.

La métaphore souvent employée par les psychologues et plus généralement encore par les spécialistes des sciences cognitives, repose sur la comparaison du fonctionnement cognitif avec celui d'un ordinateur. Les recherches en sciences cognitives ont permis d'aborder, dans un même cadre général, la compréhension du langage chez l'homme et son traitement par l'ordinateur. Ainsi a-t-on pu cerner progressivement les équivalences et les différences entre compréhension humaine et traitement du langage par ordinateur. Cette comparaison, bien que très imparfaite, va nous permettre de mettre en évidence les effets psychologiques des facteurs linguistiques définis par la thèse de Chomsky. C'est à travers le rôle des inférences dans la compréhension du langage, c'est-à-dire des applications de règles linguistiques aux informations stockées en mémoire, que nous pouvons montrer la réalité psychologique de la division des phrases en syntagme nominal et syntagme verbal.

Dans un schéma commun à l'homme et à la machine, le message est d'abord saisi et perçu, c'est la phase de reconnaissance. Puis lui seront appliqués un certain nombre de traitements, c'est-à-dire de transformations, pour aboutir à une structure finale, la représentation sémantique. Ce processus consiste à analyser l'information d'entrée et à lui « incorporer » de façon pertinente, une quantité considérable d'informations antérieurement stockées en mémoire à long terme chez l'homme et dans le disque dur par exemple, pour l'ordinateur.

Un exemple emprunté à J. Pitrat (1986) illustre à la fois le contenu de ce schéma et met en évidence les propriétés de la compréhension qui n'appartiennent qu'à l'esprit humain.

Tel est le cas de la compréhension de la phrase suivante qui s'avère impossible sans avoir recours à un puissant mécanisme inférentiel. Ce mécanisme porte sur le syntagme verbal « voulait... » :

« Le professeur envoya l'élève chez le proviseur parce qu'il voulait...
...lancer des boulettes » (« il » = l'élève).
...avoir la paix » (« il » = le professeur).
...lui parler (« il » = le proviseur). »

La véritable personne qui se cache sous le pronom « il » est totalement déterminée par le syntagme verbal proposé par l'auteur : l'élève voulait lancer des boulettes, le professeur voulait avoir la paix, le proviseur voulait parler à l'élève. Nous pouvons ainsi percevoir la réalité de la séparation de la deuxième proposition de la phrase en un syntagme nominal, « il », et en un syntagme verbal. De plus, le fait d'identifier la véritable personne qui se cache sous le pronom donne à la première proposition une signification particulière en ce sens qu'elle permet au lecteur d'évoquer trois formes d'implication de la part du professeur, sévère et punitif dans le premier cas, évitant les conflits dans le second et totalement neutre dans le troisième.

Ces considérations sont tout à fait conformes à la thèse de Chomsky suivant laquelle chaque syntagme constitue un groupe d'éléments formant une unité. Ce ne sont pas les mots pris individuellement qui donnent une signification au syntagme ; mais c'est le syntagme, pris dans son unicité et son unité, qui prend globalement un sens. Il apparaît, de ce fait, que la cohésion est plus forte à l'intérieur d'un groupement qu'entre les groupements eux-mêmes. Le syntagme nominal regroupe, dans notre exemple, tout l'ensemble de mots : « Le professeur envoya l'élève chez le proviseur parce qu'il... » Ce syntagme nominal, momentanément stocké en mémoire, très exactement en mémoire de travail comme nous le verrons plus loin, prend, pour le lecteur, une signification particulière seulement une fois connue par lui celle du syntagme verbal. La recherche du sens de l'information véhiculée par un groupement, le syntagme verbal dans notre exemple, consiste à déclencher des raisonnements à partir de connaissances beaucoup plus générales. Les connaissances générales nécessaires pour identifier l'élève comme sujet du verbe « vouloir », sont les suivantes :

« Il est (malheureusement) usuel que les élèves s'ennuient en classe. »
« Une personne qui s'ennuie peut chercher à se distraire. »
« Un élève qui se distrait en classe risque une punition. »

Pour comprendre le sens d'une phrase, il faut souvent déterminer « qui fait quoi, où, quand et comment ? » C'est sur la base de ces connaissances que l'auditeur comprend les phrases qu'un orateur a prononcées devant lui, et le lecteur, le texte imprimé d'un livre. Ils ne pourront faire de telles inférences que s'ils sont capables de combiner entre elles leurs propres connaissances pour en inférer de nouvelles qui dépendent de la phrase prononcée ou du texte à comprendre.

Ainsi, la compréhension apparaît nettement comme une activité mettant en jeu des connaissances simples et de connaissances complexes dont certaines appartiennent à la classe des métaconnaissances. Connaissances et métaconnaissances sont combinées les unes aux autres, au moyen de règles d'inférences. Nous allons maintenant préciser ce que sont les connaissances et les métaconnaissances.

E. Connaissances et métaconnaissances

Pour comprendre le sens d'une phrase, qu'elle soit prononcée oralement ou qu'elle soit écrite, le dispositif inférentiel doit donc disposer à tout moment d'une énorme masse de connaissances (faits et règles). Alors qu'un ordinateur applique « à l'aveuglette » toutes les règles à tous les faits, l'intelligence humaine dispose de nombreuses « stratégies » qui permettent d'accélérer considérablement les processus d'inférence. C'est le cas, par exemple, de l'utilisation d'un raisonnement déjà usité lorsque la situation actuelle présente quelque analogie avec une situation antérieurement rencontrée. De telles stratégies exploitent des acquisitions plus larges qui leur permettent d'utiliser au mieux leur base de connaissances. Ces connaissances au deuxième degré sont appelées des métaconnaissances. Un exemple simple et concret permettra de mieux saisir le contenu de ces deux concepts. Soit le problème suivant : trouver l'adresse complète d'une personne dont on connaît le nom et la ville. Puisant dans ses connaissances, tout individu quelque peu intelligent dira que trois solutions s'imposent à lui : chercher dans son agenda ; demander aux renseignements téléphoniques ; parcourir les rues de la ville en consultant les plaques des immeubles. Le même individu ajoutera : « Il est plus facile de chercher dans son agenda que de recourir aux renseignements téléphoniques, et il est plus facile de téléphoner aux renseignements que de parcourir toutes les rues de la ville en consultant les plaques des immeubles. » Pour exprimer cette suite de relations, il a fait appel à ses métaconnaissances, c'est-à-dire à des connaissances qui portent sur des connaissances. Une métaconnaissance est donc une connaissance de connaissances.

La mobilisation des métaconnaissances est à l'origine des stratégies qui permettent à la fois la rapidité et la subtilité des inférences caractéristiques entre toutes de l'esprit humain.

En résumé, les informations une fois captées et sélectionnées dans les divers registres sensoriels sont ensuite codées afin d'être traitées en mémoire de travail. Lorsque cela s'avère utile ou nécessaire, les informations traitées sont transférées puis stockées en mémoire à long terme. Pour ce faire, différents codes sont utilisés. On les classe en fonction de leur degré de similitude avec les objets auxquels ils se substituent. On distingue ainsi, du plus semblable au plus conventionnel : les indices, les images mentales, les symboles et les signes. Parmi les signes, le code linguistique jouit d'un statut très particulier : il est, d'une part, le support de la pensée individuelle et le produit de cette pensée ; il est, d'autre part, le support de la transmission interindividuelle de ces mêmes produits de la pensée engendrant de la sorte un corpus collectif de savoirs et de connaissances. Il est ainsi un moyen de communication, c'est-à-dire qu'il permet de recevoir d'autrui connaissances et métaconnaissances indispensables au progrès individuel. Il permet aussi de transmettre en retour, à la société tout entière, les connaissances et les métaconnaisances nécessaires au progrès de la collectivité.

Les informations sont ensuite codées et stockées. Les travaux sur le stockage des informations ne portent pas uniquement sur l'organisation de ces informations en mémoire, ils s'intéressent aussi aux caractéristiques de l'information encodée et à la manière dont elle est récupérée puis traitée en fonction de la réalité que son code représente.

3. Le stockage des informations : la mémoire

Les informations une fois sélectionnées sont par la suite mémorisées. Cependant, nous avons vu que dès la phase d'identification, alors que l'information est encore présente dans un registre sensoriel, le sujet utilise des connaissances, d'autres informations déjà stockées et dont il a extrait les éléments caractéristiques. Ces connaissances engrangées dans la mémoire à long terme doivent donc être accessibles et récupérées, le moment venu, lorsqu'elles sont utiles pour une tâche. Nous allons maintenant considérer la manière dont la mémoire stocke et restitue les informations et les connaissances.
La mémoire est, d'après Lieury (1995), l'ensemble des mécanismes psychologiques qui permettent le stockage et la récupération des informations. Elle n'est pas indépendante du langage et de l'intelligence. On lui attribue trois fonctions principales :

1) La mémoire est la fonction qui permet de fixer les informations venues de l'extérieur, de les conserver et de les récupérer.

2) La mémoire est aussi le support des connaissances générales, des connaissances acquises par nous-mêmes et qui sont le fruit de nos expériences, mais aussi des connaissances que d'autres nous ont transmises ou qui nous ont été enseignées.

3) C'est aussi en mémoire que les connaissances acquises antérieurement se modifient, s'enrichissent, se structurent sous l'effet des apprentissages.

Ainsi définis, les processus mnésiques ne déterminent pas seulement l'accès aux représentations des événements du passé, mais les propriétés des mémoires transitoires et permanentes déterminent aussi notre présent psychologique et ce qui sera extrait de notre environnement immédiat afin d'être encodé, représenté et stocké.

La mémoire est donc en premier lieu la mémoire des faits, elle fixe les informations spécifiques concernant des faits ou des événements particuliers ou liées à des situations déterminées : le nom d'un professeur, le numéro de téléphone d'un ami, la liste des options qu'il me sera possible de choisir à un moment donné dans mon propre cursus universitaire et dans l'université où j'ai choisi de m'inscrire. Cette mémoire, appelée **mémoire épisodique**, concerne donc l'aspect individuel et temporaire de l'information stockée. Ce premier système concerne les événements qui sont localisés dans le temps et/ou dans l'espace et qui se réfèrent au passé du point de vue de l'expérience individuelle. En fait, c'est à la connaissance de ce système qu'ont été consacrées les études classiques de la mémoire au cours du siècle qui vient de s'écouler et la définition d'un tel système ne présente d'intérêt que par rapport au second, celui de la mémoire sémantique.

La mémoire est en second lieu la mémoire des connaissances conceptuelles acquises par nous-mêmes ou transmises par diverses formes d'enseignement. Les études portant sur les mécanismes de structuration et d'activation de ces connaissances en mémoire sont fondamentales pour saisir le fonctionnement du système cognitif. Ces connaissances s'avèrent indispensables à la compréhension du langage et leur activation est déterminée par la structure du réseau sémantique que nous présenterons plus loin. C'est la raison pour laquelle cette mémoire est appelée **mémoire sémantique**. Elle contient toutes les connaissances du langage.

La troisième fonction de la mémoire concerne les **apprentissages**. Cependant, si tous les apprentissages font appel à la mémoire, ils ne se réduisent pas à celle-ci. Pour apprendre, il est nécessaire, au préalable, de découvrir, de sélectionner, d'élaborer les informations qui seront par la suite mémorisées.

La mémoire épisodique joue un rôle fondamental dans le maintien de certaines activités ; l'information stockée s'efface au bout d'un certain temps mais tant qu'elle est présente, elle est facilement accessible.

La mémoire sémantique contient des connaissances qui y demeurent en permanence. L'accessibilité à ces connaissances est très dépendante de leur organisation.

La mémoire est donc conçue sous des aspects multiples dont la première distinction peut être attribuée au cybernéticien B. Wierner. Il s'agit de l'opposition entre une mémoire vive et une mémoire permanente, opposition devenue célèbre pour les psychologues qui distinguent une mémoire à court terme et une mémoire à long terme.

Dans la vie courante, un numéro de téléphone inconnu, celui que nous venons de relever dans l'annuaire, n'est retenu que pendant quelques instants et pour l'avoir « présent en mémoire », nous devons le répéter mentalement. Ce procédé, utilisé pour la rétention à court terme, est inutile en mémoire à long terme pour laquelle toutes les informations, une fois organisées, restent en permanence et peuvent être récupérées.

En réalité, cette simple dichotomie qui semble porter uniquement sur la durée de rétention, cache une réalité beaucoup plus complexe. La mémoire à court terme n'est pas seulement un lieu de stockage momentané, elle est une mémoire de travail, c'est en son sein que s'effectuent tous les calculs, les transformations, le traitement de l'information. Nous allons donc étudier séparément chacune de ces mémoires en nous intéressant, dans un premier temps, à la mémoire à long terme. Nous aborderons ensuite les problèmes liés à la nature et au fonctionnement de la mémoire à court terme.

■ La mémoire à long terme

Une photo de classe retrouvée au fond d'un tiroir, un nom de lieu relevé par hasard, une chanson de notre enfance entendue à la radio, une odeur ou un parfum, comme l'a si bien évoqué Marcel Proust, éveillent brusquement en nous des souvenirs que l'on croyait à jamais perdus. Certains détails, certaines scènes « nous reviennent » de la manière la plus inattendue et la plus surprenante. On est en effet très étonné de n'omettre aucun nom quand il s'est agi de retrouver les patronymes de tous nos camarades figurant sur une photo jaunie.

L'information, qui se rapporte à ces faits, stockée pendant longtemps dans notre mémoire était restée inaltérée. Longtemps inaccessible, elle a pu être restituée par l'intermédiaire d'une stimulation spécifique parvenue, quelquefois à notre insu, à l'un de nos récepteurs sensoriels. E. Tulving (1971) a émis l'hypothèse que ces stimulations spécifiques qui permettent de retrouver les souvenirs, jouent en fait le rôle d'indices (au sens que nous avons donné plus haut, à savoir un élément faisant partie intégrante du signifié qui, lors de l'acquisition de l'information, a joué le rôle de signifiant). L'image du visage de notre camarade de classe est restée, dans notre mémoire, comme le signifiant de la personne elle-même.

Les travaux expérimentaux conduits sur les souvenirs anciens bien que peu nombreux et bien que présentant de sévères imperfections d'ordre méthodologique, montrent que l'information peut être conservée très longtemps en mémoire. Cette longévité concerne essentiellement la mémoire sémantique. Si la mémoire conserve une quantité énorme d'informations, le problème que rencontre souvent l'individu qui recherche en vain ses souvenirs, est de ne pouvoir y accéder. Lorsque nous ne retrouvons pas une information que nous avons « apprise », nous déclarons que nous l'avons « oubliée ». Pourtant, cette information est toujours présente dans notre mémoire. Si nous ne la retrouvons pas, c'est parce que nous ne pouvons pas immédiatement y accéder.

Les informations stockées en mémoire à long terme sont enregistrées dans leur intégralité et demeurent ainsi fixées pendant longtemps. Pourquoi, alors qu'elles sont bien présentes en mémoire, a-t-on le sentiment de les avoir oubliées ? Et par quels phénomènes nous sont-elles inaccessibles ?

Nous allons donc maintenant nous intéresser au problème de l'accès à l'information stockée en mémoire à long terme afin de comprendre les mécanismes de l'« oubli ».

L'« oubli » et les effets d'interférence, l'accessibilité de l'information en mémoire à long terme. La difficulté d'accéder à une information stockée en mémoire peut être attribuée à des effets d'interférence. Il y a interférence quand une information secondaire vient perturber l'encodage et le stockage d'une information principale, celle que l'on veut retenir. Ce phénomène se produit d'une manière sensible quand le sujet doit mémoriser deux informations quelque peu semblables dans des intervalles temporels relativement courts.

On distingue deux formes d'interférence : l'interférence rétroactive et l'interférence pro-active.

L'interférence rétroactive est le plus souvent invoquée dans l'étude des phénomènes attribués à l'oubli. Elle peut être définie comme l'effet perturbateur engendré par l'acquisition d'une information nouvelle sur une connaissance déjà apprise. L'importance de l'effet perturbateur est directement liée au degré de similitude entre les deux informations mémorisées. Le paradigme expérimental, ci-après, permet de mettre en évidence et d'évaluer les effets d'une tâche interférente.

Groupe expérimental	Tâche principale	Tâche interférente	Temps de rétention	Rappel de l'apprentissage principal
Groupe témoin	Tâche principale		Temps de rétention	Rappel de l'apprentissage principal

À partir de ce plan expérimental, il est possible d'évaluer les effets de l'interférence rétroactive en fonction du degré de similitude entre la tâche principale et la tâche interférente. Après avoir réparti les sujets en 4 groupes de 15 à 20 personnes, on demande par exemple à tous les groupes d'apprendre une liste de 30 mots de trois syllabes. C'est la tâche principale. Un premier groupe doit, dans un second temps, apprendre une seconde liste de mots de trois syllabes dont chacun d'eux est synonyme d'un mot de la liste principale. C'est la tâche interférente. On présente au second groupe la tâche interférente suivante : apprendre une liste de 30 mots de trois syllabes, chacun d'eux ne présentant aucun rapport avec les mots de la liste principale. Un troisième groupe doit apprendre, à son tour, en guise de tâche interférente, une liste de 30 nombres de trois chiffres. Un quatrième groupe n'effectue aucun apprentissage supplémentaire. Après une période dite de rétention de l'information, on demande, dans chacun des 4 groupes, aux sujets de restituer tous les mots de la tâche principale qu'ils ont retenus. Quand on compare, d'un groupe à l'autre, le nombre de mots correctement retenus, la performance croît régulièrement en raison inverse de la similitude entre la tâche principale et la tâche interférente.

L'interférence rétroactive joue donc un rôle de frein important dans les processus de codage et de stockage de l'information véhiculée par la tâche principale. Elle est responsable des difficultés d'accès éprouvées ensuite par le sujet en quête de cette information.

Dans l'interférence pro-active, une connaissance déjà mémorisée perturbe la rétention d'une information nouvelle à condition toutefois que l'intervalle de temps qui sépare les deux apprentissages soit relativement bref et que les deux informations à mémoriser aient quelques degrés de similitude.

Le plan expérimental présenté ci-dessous permet de mettre en évidence et d'évaluer les effets de l'interférence pro-active.

Groupe expérimental	Apprentissage secondaire	Apprentissage principal	Temps de rétention	Rappel de l'apprentissage principal
Groupe témoin		Apprentissage principal	Temps de rétention	Rappel de l'apprentissage principal

Les résultats obtenus sont en tous points comparables à ceux déjà décrits pour l'expérience concernant l'interférence rétro-active.

L'oubli peut donc être considéré comme le résultat d'interférences, c'est-à-dire d'une compétition entre associations concurrentes apprises à des moments différents.

Neurophysiologie des mécanismes de rappel. Pour V. Bloch (1992), le recueil simultané de données neurobiologiques et comportementales a permis de mieux connaître les mécanismes du fonctionnement de la mémoire. « Quand un objet est perçu, écrit-il, les différents éléments qui le constituent activent des ensembles de neurones qui entraînent, eux-mêmes, l'activation d'éléments associés au cours des expériences passées. De telle sorte que chaque objet présent – ou évoqué – entraîne une configuration particulière d'activité au sein des réseaux nerveux. Le rappel de l'information mémorisée repose sur la probabilité accrue qu'un seul attribut de cet objet ou qu'un seul élément de son contexte entraîne la réactivation de la configuration d'activité initiale caractéristique. »

Bloch considère en prenant appui sur des recherches récentes dans le même article que, pendant l'apprentissage, les réponses cellulaires associatives constituent un bon indice de l'état actif d'une représentation centrale de l'association acquise. Il poursuit ainsi : « L'examen simultané de plusieurs groupes de synapses appartenant à plusieurs structures cérébrales impliquées dans l'apprentissage en cours, devraient, à l'avenir, fournir des indications précises sur la structure des représentations. Mais quel que soit le contenu principal des représentations mémorisées, celles-ci sont toujours composites, multidimensionnelles et, par là-même, localisées en différents lieux appartenant au cortex cérébral. Des recherches sont consacrées à l'étude de l'efficacité des indices de rappel, c'est-à-dire des éléments même très partiels de la situation initiale susceptibles – telle la madeleine de Proust – de réactiver un souvenir "oublié". Il a été montré que ces indices ne sont pas tous également efficaces, ce qui permet d'inférer à partir de ceux qui le sont, le contenu de la représentation que le sujet a élaborée initialement. Plus frappant encore, l'efficacité des indices de rappel n'est pas la même en fonction des délais qui séparent l'acquisition de l'épreuve de rétention, ce qui montre que le contenu des représentations varie et que chacun de leurs constituants peut avoir une dynamique propre, ce qui devrait confirmer les données tirées de techniques de l'imagerie cérébrale. »

Toutes les recherches poursuivies dans ce domaine ont mis en évidence un résultat central caractérisé par le fait suivant : lorsqu'un sujet apprend, il organise les informations qu'il doit retenir. Nous allons donc maintenant examiner la manière dont les informations et les connaissances sont organisées dans la mémoire à long terme.

L'organisation des connaissances dans la mémoire à long terme. Les connaissances stockées en mémoire à long terme sont organisées par deux relations fondamentales : la **relation d'équivalence** et la **relation d'inclusion**. La relation d'équivalence préside à une classification en catégories ; la relation d'inclusion et la relation d'implication qui lui est associée introduisent la notion de réseau sémantique.

Une autre relation plus difficile à définir sur le plan mathématique, structure également les connaissances stockées en mémoire. Cette relation est désignée par certains auteurs (J.F. Richard et R. Kekekbosch, 1995) par le nom de « relation de parties à tout ». À cette structure correspondent les notions de schémas et de scripts.

Les catégories. La catégorisation est une classification. C'est par elle que commence toute mise en ordre, toute structuration : on range ensemble tous les objets qui, d'un certain point de vue, peuvent être considérés comme « équivalents ». La catégorisation ou regroupement dans le domaine de la mémoire à long terme, a été mise en évidence par les travaux de W.A. Bousfield et J. Cohen (1953). Dans leur expérience initiale, ils donnent à retenir à des sujets une liste de soixante mots mélangés qui appartiennent à quatre catégories sémantiques distinctes. Cette liste comprend 15 noms de vêtements, 15 noms de professions, 15 noms d'animaux, 15 noms d'aliments. Elle est présentée au sujet, qui reçoit comme consigne d'en retenir le plus grand nombre. Lors de la phase de rappel, on constate que les mots sont restitués, intégrés dans des séquences de plusieurs mots, trois ou quatre dans la majorité des cas, sémantiquement homogènes. Ici, la nature de la catégorisation est en quelque sorte suggérée par le matériel, mais les sujets procèdent également par regroupement en catégories lorsque l'expérimentateur ne propose pas un matériel où le type de catégorisation possible est particulièrement évident. L'organisation que les sujets introduisent dans le matériel sous la forme de regroupements s'effectue beaucoup plus progressivement dans le temps. Tulving emploie alors le terme d'organisation subjective.

La catégorisation a une fonction sélective. Elle permet au sein de l'ensemble des informations que le sujet possède dans son répertoire mental de découper des sous-ensembles particuliers. Au moment de l'évocation, tous les éléments qui n'appartiennent pas à ces sous-ensembles tendent à être exclus du nombre des possibles. La catégorisation obéit aussi à un principe d'économie. Elle diminue l'effort de mémorisation puisque le nombre de catégories est inférieur au nombre de mots compris dans la liste entière. En troisième lieu, la catégorisation procure des directions de recherche de l'information stockée. Lors de la phase d'évocation, le rappel de la catégorie favorise l'accès aux unités qui composent cette catégorie. La phrase suivante, exprimée spontanément par un sujet au cours de l'expérience, traduit bien ce processus : « Voyons, dans la catégorie des vêtements, n'y avait-il pas une veste ? » Les catégories sont définies par des propriétés ou par des prototypes qui peuvent être structurels ou fonctionnels. Les propriétés structurelles caractérisent les objets en tant que tels. Les concepts scientifiques définissant les objets utilisent exclusivement des propriétés structurelles. Par exemple, si une personne désire classer dans sa mémoire la forme d'un jeton rectangulaire afin de « reconnaître » ultérieurement cet objet, elle doit en extraire les informations qu'elle juge pertinentes. Dans le cas présent, si elle veut identifier le jeton par sa forme, elle retiendra que les côtés sont parallèles deux à deux et que les quatre angles sont droits. Cette personne confrontera ensuite ces informations à celles qu'elle a en mémoire concernant les caractéristiques des figures géométriques appelées quadrilatères et constatera que les propriétés du rectangle correspondent exactement aux informations qu'il a extraites à partir de l'observation de son jeton. Cette comparaison lui permettra d'identifier la forme du jeton et de classer cet objet parmi tous ceux qui sont de forme rectangulaire.

Les catégories ainsi définies sont des classes au sens mathématique du terme. Tous les éléments de la catégorie sont, de la sorte, équivalents.

Les propriétés fonctionnelles définissent la catégorie par l'usage que l'on peut faire des objets qui la composent. Selon E. Rosch (1973), les catégories naturelles ne sont pas définies par des propriétés mais à l'aide de prototypes. Deux arguments plaident en faveur de sa thèse :

– les éléments d'une catégorie ne sont pas strictement équivalents ;
– l'appartenance à une catégorie n'est pas définie en termes de tout ou rien.

Un élément peut être plus ou moins typique de la catégorie. Le prototype est un élément exemplaire d'une catégorie. Un prototype est une abstraction cognitive qui indique quels sont les éléments qui peuvent être considérés d'une façon optimale comme membres d'une catégorie.

Les informations qui présentent un degré élevé de similarité (ou de dissemblance) avec le prototype d'une catégorie jugée pertinente par le sujet, sont traitées plus rapidement que celles qui présentent avec celui-ci une similarité de faible importance. Une information fortement similaire au prototype (par exemple : « Monsieur X s'adresse à ses interlocuteurs en regardant le sol et en rougissant » est très illustrative du prototype « personne timide ») et une information fortement dissemblable de ce prototype (par exemple : « Monsieur X interpelle d'une voix forte toutes les personnes qu'il rencontre. ») sont traitées très rapidement par tout individu qui cherche à identifier, dans son entourage, les personnes manifestant une réelle timidité. De telles informations peuvent être plus rapidement que d'autres comparées au prototype.

Plus une information est similaire au prototype, plus elle est typique de la catégorie définie par celui-ci ; on dit alors que sa typicité est élevée. Une information dont la typicité est élevée est facilement encodée et mise en mémoire. Elle est aussi plus aisément rappelée.

L'organisation des catégories : le réseau sémantique. L'organisation des connaissances dans la mémoire à long terme est donc subordonnée à celle des catégories. Les catégories sont obtenues à partir d'une division de l'ensemble des éléments présents en mémoire en parties disjointes. L'ensemble des catégories constitue donc une partition de cet ensemble. À partir d'une partition donnée, on peut obtenir une partition plus fine en subdivisant chacune de ses classes. Certaines catégories sont ainsi emboîtées dans d'autres catégories et sont donc des sous-catégories de ces dernières. Ces emboîtements de classes entraînent une relation d'implication entre les propriétés des éléments de la classe emboîtée et celles des éléments de la classe emboîtante. Ainsi, les canaris sont des oiseaux, le fait qu'ils possèdent les propriétés des oiseaux implique qu'ils possèdent aussi les propriétés propres aux animaux.

A.M. Collins et M.R. Quillian (1969), qui ont construit la première théorie de la mémoire sémantique, ont exprimé cette relation d'implication en décrivant l'organisation des connaissances en mémoire comme un réseau de concepts. Ce réseau est figuré par un arbre dont les nœuds représentent les concepts, les nœuds sont reliés entre eux par des branches qui représentent la relation entre deux concepts. Cette relation pourrait être traduite par les expressions : « est un ... » ou « est une sorte de... ».

Prenons l'exemple célèbre de Collins et Quillian (1969) dont nous présentons le graphe ci-dessous :

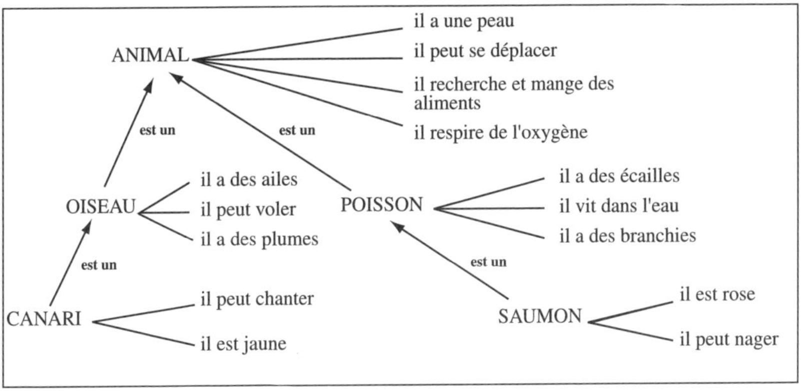

Représentation de la mémoire sémantique, d'après Collins et Quillian, 1969.

Le canari est un oiseau. Il possède les propriétés de la classe « oiseau » comme « il peut voler, il a des ailes » ; ces propriétés sont stockées au nœud correspondant à la classe « oiseau ». Les propriétés comme « peut se déplacer, respire de l'oxygène », qui sont plus générales et concernent la classe des animaux, sont stockées au nœud correspondant à cette classe. Les nœuds de ce type, ceux qui correspondent à la classe emboîtante, sont appelés nœuds superordonnés. Inversement, les propriétés « peut chanter, est de couleur jaune » sont stockées aux nœuds correspondants à des sous-classes d'oiseaux. Les nœuds correspondants sont alors appelés nœuds subordonnés.

Cette organisation en réseau est essentielle pour le fonctionnement cognitif : les liens qui existent entre les concepts peuvent guider la recherche d'une information et évoquer de nouvelles connaissances. En nous interrogeant sur un sujet quelconque, nous n'utilisons pas toutes nos connaissances. Seuls certains nœuds sont mobilisés pour rechercher la réponse ; on dit alors qu'ils sont activés. La propagation de l'activation est un mécanisme fondamental de la recherche d'information en mémoire. Elle permet notamment de faire des inférences. On dit qu'il y a inférence quand, à partir de la lecture ou de l'audition d'un mot, les nœuds superordonnés sont activés fournissant ainsi d'autres significations. Nous verrons comment les inférences produites à partir du contexte, donc du réseau sémantique, sont indispensables à la compréhension du langage, qu'il s'agisse d'une phrase exprimée oralement ou d'un texte écrit.

Les connaissances stockées en mémoire à long terme sont organisées par une relation d'équivalence qui induit une structure en catégories, elles-mêmes structurées par une relation d'implication dans le réseau sémantique. Elles sont par ailleurs organisées selon une relation dite de « parties à tout ». À cette relation sont associées les notions de schéma et de script.

Les schémas et les scripts. Une autre organisation de la mémoire à long terme tend à retenir pour les rassembler les seules caractéristiques valables, les seuls éléments paraissant pertinents, pour toute une catégorie d'objets en se dégageant de tous les détails inutiles. Cette organisation est celle du **schéma**. Le schéma intègre un certain nombre d'éléments d'information dans une signification générale qui les résume. Il peut avoir deux rôles distincts dans la restitution de l'information stockée.

En premier lieu, il favorise une démarche de particularisation. On part du schéma activé, par exemple à partir d'un terme qui le désigne, et on ajoute de l'information en spécifiant les composantes du schéma.

En second lieu, il peut favoriser une opération d'abstraction. On identifie le schéma à partir des relations qui relient les divers éléments qui le composent.

Pour M. Fayol et J.M. Monteil (1988), il existe une structure des connaissances en mémoire qui associe en séquence les événements qui arrivent fréquemment dans un ordre défini. Cette forme de schéma est appelée un script. Les scripts sont particulièrement impliqués dans la détermination de plans d'actions.

En résumé, les informations stockées en mémoire à long terme demeurent pendant longtemps intactes et ne se détériorent que très lentement. Elles sont quelquefois difficilement accessibles et donnent au sujet et à ses interlocuteurs une impression d'oubli. L'accessibilité des informations enregistrées en mémoire à long terme est d'autant moins aisée qu'une information dite interférente, semblable à celle dont on recherche le souvenir, est venue perturber l'encodage de cette dernière.

Les informations sont organisées en mémoire à long terme en catégories, elles-mêmes reliées entre elles suivant une relation d'implication qui donne ainsi à leur ensemble une structure en réseau.

Les connaissances sont quelquefois organisées d'une autre manière : des schémas, sortes de résumés des caractéristiques des connaissances regroupées dans une catégorie donnée, rendent l'information plus accessible en mémoire à long terme.

■ La mémoire à court terme

Le second aspect de la mémoire concerne la mémoire à court terme. Le vieillissement, les lésions cérébrales d'origines traumatiques ou chirurgicales produisent des pertes sélectives du souvenir. Ces personnes dont les fonctions cognitives ont, de manière naturelle ou accidentelle, été ainsi lésées perdent le souvenir des informations récentes, des événements survenus dans un passé très proche, alors qu'elles évoquent, avec une précision surprenante, des souvenirs lointains. Certains blessés de la route décrivent, avec précision, quelques secondes après le choc, les circonstances qui ont précédé l'accident, mais déclarent, quelques heures après, qu'ils ne se souviennent de rien. De telles observations ont conduit les chercheurs à émettre l'hypothèse de l'existence de deux formes de mémoire : une mémoire à long terme et une mémoire à court terme.

Pour certains, cette mémoire à court terme s'intercalerait entre la mémoire sensorielle, celle des registres sensoriels, et la mémoire à long terme. La mémoire à court terme doit être conçue comme une « mémoire de travail » maintenant disponibles dans son magasin, d'une part, des informations perceptives qui proviennent des registres sensoriels et, d'autre part, des informations en provenance de la mémoire à long terme où elles ont été retrouvées et réactivées. En réalité, il existerait une grande variété de mémoires à court terme. On explique cette variété par le fait qu'entre la réception des stimuli physiques, au niveau des récepteurs sensoriels, et le rappel des informations, il existe plusieurs modalités de codage.

Les modalités de codage en mémoire à court terme. Les processus de la mémoire à court terme peuvent être classés selon le code qu'ils utilisent. On distingue ainsi les codes sensoriels, le code lexical et le code sémantique.

Les **codes sensoriels** les mieux connus sont les codes visuels et auditifs. La mémoire sensorielle visuelle est éphémère et cette mémoire iconique est très probablement relayée par une autre mémoire visuelle à court terme dont le code est de nature visuelle. Le codage auditif est celui que nous utilisons lorsque nous désirons retenir un court instant un numéro de téléphone. Nous le répétons sans cesse afin de le réviser mentalement.

Le **code lexical** est une sorte de fichier de tous les mots que connaît l'individu. Il permet la mise en relation des caractéristiques phonologiques avec le programme articulatoire de chaque mot. Nous pouvons de la sorte répéter le mot que nous avons entendu à condition toutefois que nous puissions l'intégrer dans notre propre « fichier » lexical. Ainsi s'explique le fait que l'enfant comprend plus de mots qu'il n'en emploie ; il faut que les mots nouveaux intègrent le fichier lexical.

Le **code sémantique** est le code de base des connaissances déclaratives que nous évoquerons, ci-après, dans le sous-chapitre consacré à l'apprentissage.

■ L'apprentissage

La troisième fonction de la mémoire concerne l'apprentissage.

L'apprentissage peut être défini comme « une amélioration stable du comportement ou des activités intellectuelles de l'individu » (George 1985). Cette conception de l'apprentissage recouvre une large catégorie de mécanismes sous-jacents même si le mot est en général employé au singulier. D'une manière plus précise, et plus restrictive, nous dirons qu'il y a apprentissage, lorsqu'un organisme, placé plusieurs fois dans la même situation, modifie sa conduite de façon systématique et relativement durable.

Les divers types d'apprentissages. On classe les apprentissages en deux catégories suivant qu'ils utilisent ou non des formes symboliques liées au langage. La première catégorie comprend les apprentissages subsymboliques, à savoir les apprentissages associatifs et les apprentissages par l'observation ou vicariants. La seconde catégorie comprend les apprentissages symboliques pour lesquels la transmission des connaissances s'effectue au moyen du langage. On distingue, parmi les apprentissages associatifs, deux types de conditionnement : le **conditionnement pavlovien** et le **conditionnement opérant**.

Le conditionnement pavlovien. Le conditionnement classique ou conditionnement pavlovien — du nom du physiologiste russe I. P. Pavlov — consiste, par exemple, à faire apprendre à un chien à répondre par une salivation au son d'un métronome. La procédure d'apprentissage, appelée conditionnement pavlovien, consiste à faire entendre le son d'un métronome auquel on fait suivre, à plusieurs reprises, une faible quantité de poudre de viande directement appliquée sur la langue de l'animal. Le son du métronome est le stimulus neutre (S N) que l'expérience transformera en stimulus conditionnel (S C). La réponse salivaire d'abord déclenchée par la poudre de viande (réponse inconditionnelle ou R I) peut être par la suite déclenchée par le seul son du métronome (S C). La réponse salivaire ainsi obtenue est qualifiée de réponse conditionnelle (R C). Celle-ci tend à disparaître au bout de quelques présentations si le stimulus conditionnel est présenté seul. En faisant suivre, d'une manière aléatoire, le stimulus conditionnel par le stimulus inconditionnel, la réponse conditionnelle se stabilise. Le stimulus inconditionnel est alors appelé **renforcement**.

Le conditionnement opérant. Le conditionnement opérant est appelé aussi conditionnement instrumental ou encore conditionnement skinnérien du nom du psychologue américain C.B. Skinner. La situation la plus souvent employée consiste, pour un animal enfermé dans une cage, à obtenir de la nourriture en fournissant une réponse déterminée : appuyer sur un levier, donner un coup de bec sur une plaque, etc. L'animal qui obtient une boulette de nourriture, une première fois par hasard, répétera sa réponse afin d'obtenir de nouvelles boulettes, on dit alors que son comportement est renforcé par l'obtention de la nourriture.

Les apprentissages vicariants. Les apprentissages vicariants, ou apprentissages par l'observation consistent dans la reproduction d'une séquence d'actions produite par un congénère servant de modèle.

Les apprentissages symboliques. Les apprentissages symboliques ont pour objet une modification du contenu de la mémoire à long terme. Il s'agit d'assimiler des informations nouvelles en les intégrant à des connaissances acquises antérieurement. Or, toute acquisition nouvelle ne vient pas se juxtaposer à des connaissances antérieures sans en modifier l'organisation. L'organisation antérieure va être détruite pour être reconstruite dans un cadre nouveau qui intégrera et assimilera les informations nouvelles.

On peut prévoir et rendre compte des modifications du contenu de la mémoire à long terme dans le cadre de chacune des théories avancées pour expliquer son organisation. Dans le cadre de la théorie des schémas, on distingue trois formes d'apprentissage : 1) les schémas existants peuvent être simplement enrichis par l'adjonction de nouveaux éléments ; 2) les schémas existants peuvent aussi être modifiés par des réajustements ou des affinements qui laissent invariante leur structure générale ; 3) les schémas existants peuvent être restructurés et de nouveaux schémas peuvent à leur tour être créés. C'est, comme nous venons de le voir, le cas le plus fréquent.

Dans le cadre conceptuel des réseaux sémantiques, les acquisitions nouvelles se manifestent par la création de nouveaux nœuds et de nouvelles branches dans le réseau. L'apprentissage consiste alors à intégrer les nouvelles informations aux schémas de connaissances existants. Cette intégration modifie à son tour l'organisation des réseaux antérieurement construits.

Les effets des apprentissages. Il est souvent utile de connaître la vraie nature des progrès attribués à un apprentissage. Il est fréquent d'entendre les parents d'un enfant de six ans qui rentre au cours préparatoire affirmer que leur fils ou leur fille « sait déjà compter ». En fait, cet enfant qui énumère la suite des nombres jusqu'à dix et au-delà connaît une sorte de comptine. Il ignore cependant que $1 + 1 = 2$, que $2 + 1 = 3$, etc. Autrement dit, il est incapable d'« assimiler » la règle suivant laquelle tout nombre entier peut être obtenu en ajoutant une unité à celui qui le précède. Cet enfant ne sait pas « compter » comme l'entendent les pédagogues qui, sans demander à l'enfant d'expliciter oralement la règle, attendent de lui qu'il la réalise en « actes » lorsqu'il effectue les opérations d'addition et de soustraction de l'arithmétique élémentaire.

Cet exemple nous montre combien il est précieux de connaître, pour le psychologue, la vraie nature des résultats que l'on attribue à un apprentissage. À l'heure des bilans, il est particulièrement utile de connaître les lacunes toujours présentes chez un sujet particulier, les raisons pour lesquelles certains apprentissages ont donné de bons ou de mauvais résultats, et partant, de tenter de prévoir les procédures qui pourraient être, à l'avenir, plus efficaces.

Il existe, en fait, deux sortes de connaissances qu'il convient de distinguer avant de procéder à l'analyse de tout apprentissage : les connaissances déclaratives et les connaissances procédurales.

Connaissances déclaratives et connaissances procédurales. Les connaissances déclaratives sont celles qu'on pourrait classer sous la rubrique

« savoir que... », alors que les connaissances procédurales sont celles qui permettent de « savoir comment faire ». Elles constituent des assertions sur les êtres ou des objets de notre environnement : 2 + 2 = 4, la neige fond au soleil, Phèdre aime Hippolyte, Henri IV est mort en 1610, etc. Les connaissances déclaratives peuvent toutes, sans exception, être exprimées par des énoncés verbaux et sont, de ce fait, toutes transmissibles oralement.

Les connaissances procédurales concernent les actions concrètes ou les opérations mentales, mises en œuvre pour parvenir à atteindre un but. Elles interviennent dans la conduite d'une auto, dans la résolution d'un problème de maths, dans la compétence à jouer aux échecs et peuvent, pour certaines d'entre elles, être exprimées par des énoncés de la langue. Mais toutes ne le peuvent pas et, de ce fait, ne peuvent être transmises par l'intermédiaire du langage qu'il soit écrit ou oral. On n'apprend pas à conduire une voiture en lisant un manuel !

Les connaissances procédurales concernent les « calculs » effectués sur les symboles utilisés par le système pour se représenter une situation (George, 1985). On les exprime souvent sous la forme de règles d'action qui disent ce qu'il faut faire si certaines conditions particulières sont réalisées. Elles s'expriment sous la forme implicative : « Si... alors... » Une suite de règles d'action constitue une procédure (G. Vergnaud, 1980).

On représente communément les procédures en deux catégories : les **heuristiques** et les **algorithmes**. Heuristiques et algorithmes sont des processus cognitifs (processus d'inférence et processus déductifs) par lesquels les acteurs humains résolvent leurs problèmes.

Heuristiques et algorithmes. Une heuristique est constituée d'une suite de règles exploratoires permettant d'élaborer une démarche de recherche dont on tient pour plausible mais non certain le fait qu'elle nous conduira à la solution recherchée. Un raisonnement par tâtonnement ou par analogie fonctionnelle est habituellement une heuristique. Ces raisonnements plausibles sont des inférences. Un algorithme est une suite de règles dont on a au préalable démontré la convergence et on considère pour certain le fait qu'il conduira à la solution du problème. Les algorithmes-types sont ceux du calcul arithmétique comme l'addition, la multiplication, l'extraction d'une racine carrée (sans utiliser une calculette).

La distinction entre algorithmes et heuristiques apparaît dans les traités de psychologie aux alentours des années 50. Il convient toutefois de reconnaître, à travers ces deux concepts, deux conceptions de la rationalité que distinguaient déjà dans l'Antiquité les philosophes grecs. Il s'agit, d'une part, de celle qui assure le statut du logos et, d'autre part, de celle qui fonde le statut de la métis. Alors que le logos fait appel au calcul exact et au raisonnement rigoureux, « la métis des Grecs est une forme d'intelligence et de pensée qui implique un ensemble complexe mais très cohérent, d'attitudes mentales, de comportements intellectuels qui combinent le flair, la sagacité, la prévision, la souplesse d'esprit, la feinte, la débrouillardise, l'attention vigilante... » (M. Detienne et J.-P. Vernant, 1974). La métis met donc en valeur le caractère naturellement tâtonnant des processus cognitifs utilisés par les êtres humains cherchant à résoudre les problèmes du quotidien. Un exemple fourni par A. Newell et H.A. Simon va nous permettre de bien saisir la différence qui existe entre le logos et la métis, entre un algorithme et une heuristique. Il s'agit de résoudre le problème suivant :

```
  D O N A L D
+ G E R A L D
-------------
  R O B E R T
```

Cette addition comporte dix lettres différentes. Ce sont les lettres : D, O, N, A, L, G, E, R, B, T, que nous donnons dans l'ordre suivant lequel elles apparaissent dans l'addition ci-dessus. Chacune d'elles représente un chiffre compris entre 0 et 9. Il faut donc retrouver la valeur de chaque lettre afin que cette addition soit correcte.

La personne qui désire absolument adopter une démarche algorithmique peut commencer en choisissant une première lettre, soit la lettre D, à laquelle elle va faire correspondre le chiffre de son choix ; elle dispose pour cela de dix possibilités. Imaginons que ce chiffre soit, par exemple, le chiffre 3. Elle doit ensuite faire correspondre un autre chiffre à la lettre O ; elle ne dispose, cette fois, que de neuf possibilités, le chiffre 3 ayant déjà été attribué. Elle procède de la même manière pour chacune des huit lettres restantes, le nombre de possibilités diminuant d'une unité à chaque fois qu'une nouvelle lettre est abordée. Lorsque les dix chiffres ont ainsi été attribués, le chercheur contrôle son résultat ; si le compte n'est pas bon, il procède à une nouvelle attribution de chiffres. Puis il contrôle à nouveau son résultat. Si l'addition n'est toujours pas correcte, il redistribue ses chiffres et poursuit de la même manière jusqu'à l'obtention du résultat attendu. Le nombre total d'attributions possibles est obtenu à l'aide de la multiplication suivante :
10 x 9 x 8 x 7 x 6 x 5 x 4 x 3 x 2 x 1, soit au total 3 628 800 éventualités

Cette multiplication s'explique par le fait que le chercheur dispose de 10 possibilités pour faire correspondre un des 10 chiffres à la première lettre. Le premier chiffre étant attribué, il reste 9 chiffres à choisir pour la seconde lettre, et ainsi de suite, jusqu'à ce qu'il ne reste qu'une seule lettre et un seul chiffre. Il faudrait plusieurs années pour résoudre ce problème. En fait, la totalité des individus normalement intelligents, confrontés à ce problème, ne cherchent pas à le résoudre en mettant en œuvre cet algorithme. Si, afin de les aider, on leur indique que D = 5, ils parviennent à résoudre le problème en une dizaine de minutes, par tâtonnements successifs, autrement dit, ils résolvent le problème au moyen d'heuristiques.

Les conditions de l'apprentissage. L'apprentissage résulte de la richesse de l'environnement, de l'importance de l'activité du sujet dans la recherche des informations et de son expérience, c'est-à-dire des informations déjà stockées en sa mémoire. De ce fait, l'apprentissage implique qu'un certain nombre de conditions soient remplies afin qu'il puisse donner lieu à une modification efficace du comportement du sujet dans le sens souhaité. George mentionne plusieurs conditions relatives à l'environnement et au sujet lui-même. Nous retiendrons celles qui nous paraissent essentielles.

L'environnement doit être interactif, c'est-à-dire qu'il doit réagir de manière différente suivant la conduite du sujet. Un environnement interactif permet au sujet d'évaluer d'une manière continue sa performance et suscite une attention plus soutenue. La motivation est pour le sujet la condition de tout apprentissage sérieux et durable.

Les mécanismes de l'apprentissage. On entend par mécanisme d'apprentissage un ensemble coordonné d'activités qui entraîne une évolution du système dans le sens d'un accroissement de son efficacité. Les informations concernant les résultats obtenus incitent le sujet à répéter son action lorsque celle-ci est par lui interprétée comme « correcte », c'est-à-dire que le résultat obtenu répond à ses attentes. Lorsque il interprète les résultats comme étant « incorrects », le sujet exécute une action différente. Dans le conditionnement opérant, l'obtention de la nourriture joue le rôle de renforçateur chaque fois que l'animal exécute l'action. Un renforçateur est le résultat d'une action qui augmente la probabilité de voir cette action reproduite lors de l'essai suivant. Le renforçateur a une double fonction : motivationnelle (il incite et invite le sujet à reproduire son action) et informationnelle (il signale la réponse correcte). Ce mécanisme dépend de la lisibilité des informations apportées par les résultats sur la bonne réponse, il dépend aussi de la capacité du sujet à analyser ces informations.

4. Le traitement des informations : les activités de l'intelligence

Le système-sujet va ensuite effectuer des calculs (ou plus exactement des transformations). Ces opérations de transformation sont effectuées en mémoire de travail. Elles combinent les symboles retenus précédemment lors du codage avec ceux qui ont été retenus en mémoire à long terme et que des procédures de rappel réactualisent.

Ces activités sont, à proprement parler, celles qu'on attribue à l'intelligence ou, très exactement, celles que l'on devrait attribuer à l'intelligence conformément à l'étymologie : mise en relation (*inter*) des informations recueillies, littéralement « lues » (*legere*), par les organes sensoriels et conséquemment, de celles conservées en mémoire.

Les activités de l'intelligence, au sens ci-dessus défini, (et non les activités intellectuelles, ce mot ayant une acception trop vaste) consistent à lier entre elles, à enchaîner des assertions et à confronter des jugements afin de parvenir à des conclusions, c'est-à-dire des assertions exprimant la découverte (Piaget dirait la prise de conscience) de connaissances nouvelles et des jugements plus larges et mieux étayés.

Ces activités peuvent être représentées par des compositions de symboles comparables à celles utilisées par les programmes informatiques. C'est la raison pour laquelle le lieu où se déroulent ces processus, la mémoire à court terme ou mémoire de travail, est également appelé « centre de calcul ». L'analogie entre le S.T.I. et l'ordinateur est ici, encore une fois, évidente.

Cette analogie pourrait a priori renforcer l'idée que l'étude du raisonnement relève de la logique pour ce qui concerne les propriétés formelles des opérations permettant de passer des prémisses à des conclusions. Ce fut pendant des siècles la démarche traditionnelle et Piaget lui-même déclarait que « la logique est une axiomatique de la raison dont la psychologie de l'intelligence est la science expérimentale correspondante ».

La psychologie cognitive récente a mis en évidence l'inadéquation de la logique classique pour rendre compte, à elle seule, des comportements du sujet raisonnant. Elle reste cependant normative en ce sens qu'elle permet la mise en évidence et l'analyse des erreurs de raisonnement. C'est ainsi qu'on a établi au cours des deux dernières décennies : la médiocrité des performances des sujets au cours de tâches déductives et inductives, l'effet considérable du contexte des énoncés sur la performance alors même que la structure logique de ces énoncés demeure invariante, l'influence des croyances qui conduisent l'individu à accepter ou à rejeter une conclusion suivant qu'elle est compatible ou non avec ses opinions a priori (M. Borillo et G. Politzer, 1992).
Les processus de traitement de l'information qui correspondent à des processus intelligents au sens que nous avons donné plus haut, sont au nombre de quatre : le raisonnement inductif, le raisonnement déductif, le raisonnement analogique et le raisonnement par abduction.

A. Le raisonnement inductif

Lorsque le sujet ayant constaté des régularités dans un ensemble de données de même nature, explicite cette régularité dans le sens d'une assertion généralisante, on dit qu'il y a induction. Les lois des sciences de la nature relèvent de l'induction. L'inférence suivante est typique du raisonnement inductif :

« Dans le jardin, toutes les plantes dont le feuillage est recouvert d'une poussière blanche, sont atteintes d'oïdium. Donc, toute plante dont les feuilles sont recouvertes d'une poussière blanche est atteinte d'oïdium. »

L'induction est donc un raisonnement ampliatif : la conclusion va au-delà des prémisses. Elle consiste à passer de quelques cas particuliers à une règle plus générale. Bien que l'induction ne soit pas un processus logique, elle joue un grand rôle dans nos apprentissages. Elle permet d'émettre des hypothèses auxquelles on comparera d'autres observations à condition toutefois que ces observations aient été faites dans les mêmes conditions d'une part et effectuées en nombre suffisant d'autre part. L'exemple que nous avons donné montre, à dessein, les limites du raisonnement inductif. Il est probable qu'une plante dont les feuilles sont recouvertes d'une poussière blanche, soit atteinte par l'oïdium. Cependant, rien n'est certain. La conclusion sera d'autant mieux « confirmée » que le nombre de plantes recouvertes de poussière blanche et vraiment atteintes par l'oïdium est important, et que les plantes du jardin ne sont pas exposées à d'autres phénomènes qui blanchissent leurs feuilles : autres maladies ou pollution.

B. Le raisonnement déductif

Le raisonnement déductif part de propositions prises pour prémisses et en vertu de règles logiques parvient à formuler une conclusion qui en découle. Contrairement au raisonnement inductif, le raisonnement déductif est toujours logiquement valide. Ses règles d'inférence logique sont celles de la logique formelle. La déduction, une fois les prémisses posées et valides, est un « jeu intellectuel » en circuit fermé. Cette « fermeture » la différencie encore de l'induction qui, elle, est toujours « ouverte » : d'autres maladies, autres que l'oïdium peuvent recouvrir les feuilles d'une poussière blanche. La déduction utilise fréquemment une règle d'inférence qui se réfère à la transitivité des emboîtements de classe et que le syllogisme exprime dans sa forme verbale :

Socrate est un homme,
tous les hommes sont mortels,
donc Socrate est mortel.

C. Le raisonnement analogique

Le raisonnement analogique utilise une situation déjà connue pour expliquer une situation nouvelle. Il s'agit d'un raisonnement bâti sur les seules ressemblances entre deux ensembles homogènes de choses dissemblables et, le plus souvent, différentes de nature ou d'échelle.

Il consiste, d'après L. Bourrely et E. Chouraqui (1992), à « transférer une propriété ou un ensemble structuré de propriétés, de la situation de base à la situation-cible, puis à inférer à partir de ce transfert, si cela est nécessaire, de nouvelles propriétés de la cible ». Toujours selon les mêmes auteurs, ce processus se décompose suivant les étapes suivantes :

– le rappel des informations stockées en mémoire à long terme concernant la situation de base. Cette recherche est guidée par des opérations de comparaison entre des propriétés jugées pertinentes de la situation-cible et de la situation de base.

– le calcul des propriétés analogiques. Ce calcul est généralement fondé sur la déduction.

– le transfert analogique.

– le calcul de la réponse au problème posé. La propriété analogique est utilisée dans le processus du calcul de la réponse.

– La validation du résultat obtenu. Il est nécessaire d'évaluer la pertinence du résultat dans le contexte de sa production.

Soit le problème suivant :

DESSUS -------------------- DESSOUS
DEBOUT------------------------ ?

Les différentes étapes du raisonnement analogique ci-dessus mentionnées se concrétisent ainsi :

– L'organisation topologique du problème suppose une analogie.

– La comparaison des termes de la situation de base suggère deux propriétés analogiques : prendre l'opposé du sens ou supprimer la lettre O.

– Le transfert analogique peut s'exercer de deux manières sur la situation-cible

– Le calcul de la réponse au problème posé :

La première propriété analogique conduit au résultat « COUCHE »

La deuxième propriété analogique conduit au résultat « DEBUT »

– le contexte du test initial (test d'antinomie) dans lequel la question a été posée, nous incite à adopter la réponse « COUCHE ».

6

Les aspects affectifs de la conduite

Nous avons jusqu'à présent étudié le fonctionnement de l'individu en tant que système de traitement de l'information. Les informations captées sont codées puis traitées suivant des processus complexes que nous venons succinctement de décrire. Les opérations de capture de l'information, de sélection, de mise en forme, de combinaison avec d'autres informations stockées en mémoire, sont autant de déterminants de la conduite qui jouent un rôle capital dans les opérations ultérieures.

Ces déterminants sont attachés à la cognition et à l'efficience des conduites. « Toute conduite est la résultante d'un ensemble de conduites de niveaux inférieurs mis en œuvre sous une forme organisée. Cette organisation est imposée par les nécessités de l'adaptation et elle donne à la conduite une certaine unité. » (M. Huteau, 1985)

Les différentes conduites que nous venons d'évoquer peuvent différer dans leur contenu et dans leur forme d'un individu à l'autre. Ces différences de stratégies cognitives, ces différences de comportements trahissant par leur intensité des bouleversements plus ou moins profonds de la sphère affective, feront l'objet d'études différentielles. Ce qui nous importe, pour l'instant, dans cette diversité, c'est la manifestation chez chaque individu d'une certaine cohérence entre ses différentes conduites. C'est cette cohérence qui est l'objet des études sur la personnalité. « Tout se passe comme si, dans une situation déterminée, dit Reuchlin (1977), chaque individu disposait en principe de plusieurs façons d'intégrer ses informations et ses conduites en vue de fournir une réponse adaptée. » Cependant, pour un même individu toutes les conduites ne sont pas équiprobables. S'il en était ainsi, un observateur extérieur qui voudrait prédire le comportement du sujet éprouverait un sentiment d'incertitude totale. Rien ne lui permettrait d'étayer ses prédictions. À l'inverse, si ce même observateur connaît les réponses données, dans le passé, par le même sujet placé dans la même situation, il peut inférer, en prenant sans doute quelques risques, à partir de ces réponses le comportement futur de la personne. Il déclare alors que le sujet en question a « une façon de voir, une certaine forme d'esprit... » qui lui permettent de dire que dans des situations comparables à celles dans lesquelles il a observé cette personne, celle-ci se comportera de telle ou telle manière. Il est, de ce fait, courant d'émettre un jugement ou un pronostic sur l'ensemble de la personnalité d'un individu.

La personnalité peut être définie de plusieurs manières.

Une première définition englobe les aspects cognitifs, affectifs et évaluatifs de l'individualité tels que les a définis Royce et auxquels nous sommes tentés d'ajouter les comportements moteurs. Individualité et personnalité sont alors confondues. Cette acception trop large du concept ne saurait nous convenir dans le cadre restrictif qui est le nôtre. Nous désirons circonscrire la personnalité à la sphère affective.

Une deuxième acception nous renvoie à l'énergie mentale, à la « force du caractère », dans le langage commun on parle souvent de personnes à forte personnalité. Cette définition reste imprécise et ne peut que partiellement et difficilement s'expliciter en comportements observables.

Une troisième approche de la personnalité repose sur un modèle théorique qui permet de prévoir et d'expliquer des conduites de l'individu. C'est suivant ce modèle qu'Eysenck (1950), cité par Huteau, définit la personnalité en ces termes : « La personnalité est l'organisation plus ou moins ferme et durable du caractère, du tempérament, de l'intelligence et du physique d'une personne qui détermine son adaptation unique au milieu. » On ne peut trouver de définition plus systémique.

La personnalité est donc un sous-système du système-sujet dont la cohérence se manifeste à des niveaux très différents de la conduite. Cette cohérence peut être recherchée de deux manières. La première est dite démarche ascendante. Elle se propose de montrer que, depuis les conduites les plus simples jusqu'aux conduites les plus complexes, on assiste à un phénomène d'intégration et d'articulation de ces conduites entre elles. La seconde est appelée démarche descendante et se propose de mettre en évidence le fait que les caractéristiques macroscopiques d'une personnalité peuvent être expliquées par des conduites élémentaires particulières, voire par certaines réponses spécifiques de l'organisme.

La démarche ascendante a été utilisée pour mettre en évidence la cohérence qui existe entre divers niveaux de comportements depuis le plus élémentaire au plus complexe, donnant à la personnalité un certain « style ». La « dépendance-indépendance du champ » est parmi tous les styles comportementaux mis en évidence celui qui présente le maximum de cohérence.

1. Personnalité et intégration des conduites

La démarche ascendante a permis de découvrir des dimensions psychologiques qui rendent compte de la manière dont les individus traitent les informations, gèrent leurs sentiments, portent des jugements. Parmi ces dimensions, nous citerons la « dépendance-indépendance du champ ».

La dépendance-indépendance du champ (**D.I.C.**) a été découverte de manière fortuite au cours de la Seconde Guerre mondiale. Il s'agissait de sélectionner les meilleurs bombardiers, c'est-à-dire des individus capables de lâcher des bombes avec la plus grande précision sur les objectifs situés en territoire ennemi. Ces lâchers avaient lieu le plus souvent pendant la nuit. Le bombardier devait donc avoir un sens aigu de la verticalité dans l'obscurité la plus totale. Dans les conditions d'éclairement normal, trois sortes d'informations nous renseignent sur la verticale : Des informations visuelles (extéroceptives) fournies par l'orientation des verticales qui nous entourent et que nous percevons, des informations intéroceptives en provenance de notre oreille interne et des informations proprioceptives qui nous sont données par l'attraction de nos viscères sous l'effet de la pesanteur.

Lorsque le sujet se trouve dans des conditions d'obscurité totale, il n'a plus à sa disposition que des informations proprioceptives et intéroceptives. La comparaison des performances obtenues dans les deux conditions à l'aide de dispositifs expérimentaux assez subtils, a permis d'évaluer l'importance que nous accordons aux informations visuelles dans la perception de la verticale. Des différences individuelles significatives ont été mises en évidence. Certains individus localisent la verticale en faisant appel essentiellement à des références visuelles, ce sont des sujets dits « visuels », alors que d'autres dits « non-visuels » utilisent préférentiellement des informations intéroceptives et proprioceptives. La majorité des gens utilise les deux types de références avec cependant des pondérations différentes. Ce qui va surprendre par la suite et générer de nombreux travaux de recherche, c'est que l'appartenance des individus à l'un ou l'autre des deux types extrêmes va encore les discriminer quand on les examinera sous l'angle d'autres variables psychologiques. Les différences individuelles observées dans l'ajustement de la verticale sont associées à beaucoup d'autres épreuves perceptives et notamment à des différences dans les capacités d'analyse des figures embrouillées. Parmi celles–ci, les épreuves de figures enchâssées de K. Gottschaldt (*Embedded Figures Test*, E F T) sont systématiquement mieux réussies par les sujets non-visuels. Les sujets non visuels qui imposent une structure à un champ perceptif sont dits indépendants du champ (I C) alors que les sujets visuels sont dépendants du champ (D C), car ils éprouvent des difficultés à briser une structure visuelle prégnante.

Dans les épreuves psychométriques, les indépendants du champ manifestent une approche analytique du champ visuel. Dans les épreuves de résolution de problèmes, les sujets indépendants du champ abordent les problèmes de manière « analytique », alors que les sujets dépendants du champ les abordent de manière « globale » et tentent de les résoudre par des raisonnements de type analogique.

Face à l'adversité, les dépendants du champ défendent l'intégrité de leur « moi » en évacuant leurs problèmes par le jeu d'un refoulement dans les profondeurs de l'inconscient ; alors que les indépendants du champ utiliseront des mécanismes de défense du « moi » basés sur la rationalisation.

C'est dans le domaine social que les dépendants du champ expriment leurs compétences. D'après T. Olmann (1999), les dépendants du champ auraient tendance à s'appuyer sur des informations sociales. Il entend par là qu'ils utilisent avec efficacité les indices qu'ils peuvent lire sur le visage d'autrui et savent également tenir compte des compétences reconnues de l'autre. Olmann reconnaît dans ces conduites un aspect positif étant donné les possibilités d'adaptation qu'elles présentent. La distance sociale, c'est-à-dire la distance qu'on met spontanément entre soi et autrui, est plus faible chez les dépendants du champ que chez les indépendants. La mémoire des visages des personnes avec lesquelles ils ont été en interaction est meilleure chez les dépendants du champ. Les choix professionnels des deux styles sont opposés : les dépendants préfèrent les professions à caractère social où les relations interpersonnelles jouent un rôle primordial, alors que les indépendants du champ privilégient les professions mettant en jeu leurs compétences techniques et leurs aptitudes spatiales.

Des actions éducatives prodiguées depuis, et surtout au cours de la petite enfance, ont pu induire la dépendance à l'égard du champ, alors que d'autres ont pu favoriser l'indépendance. Ainsi, les modalités éducatives visant à faciliter l'activité autonome du sujet, ou l'aidant à se différencier de son environnement, conduisent à l'indépendance du champ ; tandis que celles qui encouragent le respect des normes et la cohésion du groupe conduisent à la dépendance.

2. Structure de la personnalité

La démarche descendante recherche à prévoir et à expliquer les conduites macroscopiques individuelles à partir de mécanismes psychologiques et psychophysiologiques. Les descripteurs de ces comportements macroscopiques sont généralement mis en évidence à partir de questionnaires. L'objectif de ces questionnaires est de saisir l'organisation des réponses de sujets placés dans des situations complexes concrètes pouvant être celles de la vie courante. On demande au sujet lui-même son témoignage sur ses réactions à certaines situations. Ils sont conçus de manière telle que le sujet est appelé généralement à répondre par « oui » ou par « non » aux différentes questions qui lui sont posées, le prototype de ces questions étant « aimez- vous les mathématiques ? ». Dans d'autres cas, le questionnaire est composé de différentes assertions du type : « Pour choisir une profession, il faut savoir qui on est. » Le sujet exprime son accord ou son désaccord avec la phrase proposée.

Les méthodes de traitement des résultats sont généralement des techniques dérivées de l'analyse factorielle, qui est elle-même une méthode mathématique destinée à décrire la structure des relations entre un grand nombre de variables (ou mesures) présentant un certain degré de proximité. Elle permet de remplacer ces variables par un nombre moindre de dimensions indépendantes, appelées facteurs, qui sont plus stables et plus fondamentales que les variables dont elles sont issues.

A. Les travaux de R. B. Cattell

Cattell, professeur de psychologie à l'Université d'Illinois aux États-Unis, a élaboré le concept de sphère multidimensionnelle englobant tous les traits qui permettent de décrire un individu particulier. La surface de la sphère peut être subdivisée en un certain nombre de régions. Une région de la sphère est supposée contenir un ensemble de manifestations comportementales ayant des caractéristiques communes ou tout au moins voisines. Cette région peut être repérée sur la sphère par un rayon passant par le « centre » de la région. Ce rayon témoigne ainsi de l'existence d'une dimension caractéristique de la conduite. Tout se passe comme si sur une mappemonde, nous signalions la place de la France en plantant perpendiculairement à sa surface un drapeau à l'emplacement de Paris. Cet axe serait celui de la France. Les axes représentant l'Allemagne, la Suisse, l'Italie, la Belgique, l'Espagne seraient relativement proches les uns des autres. Leur configuration rapprochée permettraient de situer l'Europe. Les pays tels que l'Égypte, le Liban, Israël, la Jordanie constitueraient une autre configuration signalant les pays du Proche-Orient, etc. C'est une démarche analogue qui a conduit Cattell à rechercher les configurations formées par les qualificatifs et les expressions relatives aux manières d'être des individus.

Il prend comme point de départ la liste exhaustive des qualificatifs utilisés dans la langue anglaise pour décrire les traits du caractère et du tempérament. G.W. Allport et Odbert ont publié en 1936 un catalogue contenant 4 500 termes décrivant la personnalité en langue anglaise. Certains de ces descripteurs sont de véritables synonymes, d'autres ont des significations voisines sans recoupement total, d'autres, enfin, sont des antonymes ou ont des significations qui, sans être totalement opposées, sont proches d'une antonymie. Utilisant un indicateur de proximité approprié, Cattell exploite ce matériau de base afin d'inférer des traits de surface, il s'agit des regroupements de comportement que l'on observe habituellement chez un individu. Pour reprendre notre exemple géographique, les traits de surface sont comparables à la configuration de drapeaux représentant les divers pays d'Europe. Au cours d'une seconde étape, il recherchera des traits de source, dimensions sous-jacentes qui expliquent la liaison des traits de surface. La proximité des drapeaux figurant la France, la Belgique et l'Espagne... s'explique par l'appartenance de ces pays au continent européen et à l'Union européenne. Un axe passant par Strasbourg où siège le Parlement européen pourrait « expliquer » la proximité des emblèmes des trois pays.

L'élimination, par des experts en linguistique, des mots au sens trop voisin ou de sens nettement opposé, réduit cette liste à 160 mots auxquels Cattell ajoute quelques termes techniques de la psychologie. Il retient ainsi 171 groupes de synonymes. En utilisant les résultats de quatorze recherches au cours desquelles on range dans le même groupe les traits de personnalité qui apparaissent ensemble chez les mêmes individus, il croit pouvoir conclure que ces 171 concepts forment 35 groupes ou *clusters*.

Cattell utilise ces 35 *clusters* pour évaluer la conduites de sujets adultes-sains ou présentant certains troubles du comportement.

Trois types de données sont alors recueillies :

– les données L sont des observations directes des sujets effectuées par des psychologues à l'aide d'échelles permettant d'estimer le comportement ;

– les données Q sont obtenues à l'aide de questionnaires auxquels les sujets étaient invités à répondre ;

– les données T sont le résultat de quelques tentatives que Cattell a effectuées afin de retrouver ses facteurs sur des résultats de tests perceptifs, moteurs ou des épreuves psychophysiologiques.

L'analyse factorielle effectuée sur les corrélations entre ces 35 variables a permis d'extraire 12 facteurs appelés « traits fondamentaux » ou sources-traits. Au cours de travaux ultérieurs, leur nombre est passé à 16, les 4 derniers facteurs n'apparaissant qu'à partir de l'analyse des données Q. Ces 16 facteurs sont désormais appréhendés non plus par l'observation directe des sujets, mais à partir des réponses que ceux-ci fournissent à un questionnaire : le 16 P.F. (16 *personality factors*). Ce questionnaire est certainement le test de personnalité le plus utilisé à ce jour par les psychologues praticiens français.

On trouvera ci-dessous la liste des seize facteurs de R.B. Cattell ainsi que les descripteurs comportementaux qui servent d'ancrage aux dimensions psychologiques que représentent ces facteurs.

Ces seize facteurs sont des facteurs obliques, cela signifie qu'ils présentent entre eux des corrélations. Il est possible de réaliser sur ces facteurs dits primaires, une analyse de second ordre, c'est-à-dire une analyse factorielle permettant d'extraire des « facteurs de facteurs ».

Les analyses du second ordre montrent, à leur tour, l'existence de plusieurs facteurs. Parmi ceux-ci, deux apparaissent le plus souvent et rendent compte du maximum de « variance expliquée », c'est-à-dire du maximum de l'information contenue dans la matrice des corrélations entre les 16 facteurs primaires.

Le premier de ces facteurs du second ordre est l'extraversion. Il se caractérise par des notes élevées dans le facteur A (Ouvert), dans le facteur F (Insouciant) et le facteur H (Audacieux) et par des notes basses dans le facteur Q 3 (Incontrôlé).

Le second facteur de second ordre est un facteur d'anxiété. Il se caractérise par des notes élevées dans le facteur de premier ordre L, (Soupçonneux), dans le facteur O (Anxieux) et Q 4 (Tendu) et par des notes basses dans le facteur de premier ordre C (Émotif), le facteur H (Timide) et Q 3 (Incontrôlé).

Les deux facteurs de second ordre, **extraversion** et **anxiété** sont des facteurs dits orthogonaux, ce qui signifie qu'ils ne présentent entre eux aucune corrélation et qu'ils appréhendent deux aspects différents de la personnalité.

Trois autres facteurs seront cités pour mémoire. Il s'agit d'un facteur dureté-intransigeance, d'indépendance et de contrôle de soi.

En résumé, les travaux de R. B. Cattell ont permis de mettre en évidence l'existence de deux facteurs fondamentaux de la personnalité : l'extraversion et l'anxiété.

FACTEUR	NOTES BASSES	NOTES ÉLEVÉES
A. Cordialité – Chaleur	Réservé	Ouvert
B. Raisonnement	Lenteur d'esprit Concret	Esprit brillant Abstrait
C. Stabilité émotionnelle	Émotif Émotionnellement changeant	Stable émotionnellement
E. Force du moi	Moi faible	Moi fort
F. Vivacité	Posé, Sérieux, Retenu	Vif, Spontané
G. Conscience et respect des conventions	Opportuniste	Consciencieux
H. Assurance en société	Timide	Audacieux
I. Sensibilité	Dur	Tendre
L. Vigilance	Confiant, Crédule	Soupçonneux, Vigilant
M. Imagination	Pratique, Terre à terre	Imaginatif
N. Intériorisation	Direct, Sincère	Rusé, Secret

O. Inquiétude	Confiant	Anxieux
Q1. Ouverture au changement	Conservateur	Innovateur
Q2. Autonomie à l'égard du groupe	Dépendant	Se suffisant à lui-même
Q3. Perfectionnisme	Incontrôlé	Contrôlé
Q4. Tension	Détendu	Tendu

Les facteurs primaires de personnalité de R.B. CATTELL

D'après R. B. Cattell, H. W. Eber, *Manuel d'application du test 16 P.F. Questionnaire de personnalité en 16 facteurs*, traduction française, Paris, Centre de Psychologie appliquée, 3e éd., 1974.

Les quatre facteurs indexés Q n'ont été trouvés que dans les questionnaires. Les autres ont été observés à la fois dans les questionnaires et dans les estimations de la personnalité par tiers.

B. Les travaux de H. S. Eysenck

Médecin psychiatre dans un hôpital londonien, Eysenck formé à l'école pavlovienne, s'est spécialement consacré à des recherches sur les « dimensions de la personnalité chez l'homme ». Il a commencé sa carrière comme médecin militaire au cours de la Seconde Guerre mondiale. C'est alors qu'il s'intéresse aux fiches médicales de 700 malades qui souffrent de troubles divers et pour lesquels sont consignées, outre leurs coordonnées psychosociales, diverses observations concernant leur comportement. Il extrait de chaque fiche 39 éléments à partir desquels il réalise une analyse factorielle et obtient trois facteurs dont les deux premiers sont les plus importants.

Le premier dénote nettement un manque d'intégration de la personnalité, d'adaptabilité et d'effort général. Il qualifie ce facteur de névrosisme.

Le second oppose les symptômes qualifiés de dysthymiques tels que l'anxiété, l'apathie, à des symptômes qualifiés d'hystériques.

Le troisième facteur regroupe un certain nombre de traits à partir desquels Eysenck a identifié le psychoticisme. Les sujets ayant des notes élevées dans ce facteur sont froids, impersonnels, hostiles, non émotifs, peu enclins à aider autrui.

Ces trois facteurs ont toujours été retrouvés par Eysenck au cours d'une série d'études utilisant l'analyse multifactorielle. Il les dénommera par la suite les trois dimensions fondamentales de la personnalité : le neuroticisme ou névrosisme, l'**introversion** par opposition à l'extraversion, le psychoticisme.

L'individu qui a un niveau élevé dans le premier facteur, le neuroticisme, est un sujet au système nerveux hyperactif, labile, réagissant de manière trop importante et trop persistante à des stimuli externes puissants.

Eysenck, se référant à C. G. Jung, psychanalyste suisse ayant pris quelques distances avec l'orthodoxie freudienne, croit reconnaître dans le second facteur l'expression pathologique de deux types extrêmes : l'hystérique et le dysthymique. Ces deux types seraient les expressions extrêmes de la dimension extraversion (hystérie)-introversion (dysthymie).

On dispose d'un questionnaire en langue française permettant d'évaluer les individus suivant les deux dimensions décrites par Eysenck : l'E.P.I. (*Eysenck Personality Inventory*).

L'extraverti typique. Les individus ayant une note élevée à l'échelle extraversion ont tendance à être expansifs, impulsifs, et non inhibés, à avoir de nombreux contacts sociaux et à souvent prendre part à des activités de groupe. L'extraverti typique est sociable, il aime les réunions, il a beaucoup d'amis, il a besoin de personnes à qui parler et n'aime pas travailler tout seul. Il recherche les émotions fortes, prend des risques, fait des projets, agit sous l'impulsion du moment. Il est d'une manière générale un individu impulsif. Il aime les grosses plaisanteries, il a la réplique facile et aime, en général, le changement. Il préfère rester en mouvement et agir ; il a tendance à être agressif et perd facilement son sang froid. Il ne possède pas un très grand contrôle de ses sentiments.

L'introverti typique. C'est un individu tranquille, effacé, introspectif, plus amateur de livres que de gens. Il est réservé et distant sauf avec ses amis intimes. Il a tendance à prévoir, ne s'engage pas à la légère et se méfie des impulsions du moment. Il n'aime pas les sensations fortes, prend au sérieux les choses de la vie quotidienne et aime avoir une vie bien réglée. Il contrôle étroitement ses sentiments, se conduit rarement d'une manière agressive et ne s'emporte pas facilement. Il est digne de confiance, quelque peu pessimiste, et accorde une grande valeur aux normes éthiques et sociales.

Fondement biologique. Eysenck lorsqu'il décrit les extravertis comme des sujets exubérants qui recherchent les émotions fortes et les introvertis comme n'aimant pas les sensations fortes, rapproche ses résultats des observations de Pavlov devenu lui-même attentif aux variables individuelles de ses animaux d'expérience. Pavlov raconte en effet avoir vu un de ses chiens hyperactif, sautant, aboyant, courant lorsque le chercheur l'amenait à la salle d'expériences. Sitôt placé dans les conditions classiques du conditionnement, c'est-à-dire dans une situation de contention par un harnais dans la tour du silence, l'animal ne bougeait plus, privé d'excitation, il s'endormait rapidement et ne pouvait de ce fait être conditionné. Pavlov le comparait à d'autres chiens moins exubérants qui pouvaient rester en expérimentation des heures durant sans faiblir dans le niveau de leur vigilance. Il voyait dans ces différences comportementales des différences dans l'équilibre entre les processus d'excitation et les processus d'inhibition du système nerveux ou plus généralement de l'équipement neuronal de ces animaux.

Eysenck transpose ces résultats sur l'homme et pense que la prédominance de l'excitation sur l'inhibition et réciproquement de l'inhibition sur l'excitation doit rendre compte des différences individuelles entre les comportements introvertis et extravertis.

Les extravertis ont d'après lui un potentiel d'excitation qui se produit lentement et l'excitation est relativement faible ; l'inhibition est forte, elle se produit rapidement et se dissipe lentement. On comprend pourquoi les individus extravertis sont sans cesse en quête de nouvelles excitations et qu'en leur absence, le système inhibiteur en agissant très fortement, les entraîne rapidement dans un sommeil profond. Sont donc prédisposés à l'extraversion, les sujets à excitation faible, lente à se produire, et à inhibition forte, rapide, se dissipant lentement.

Les introvertis, à l'inverse, ont un potentiel d'excitation fort qui se produit rapidement, l'inhibition est faible, lente à se produire et se dissipe rapidement. Ceci explique aisément le comportement de l'introverti qui, interpellé dans la rue par quelqu'un qui éveille en lui quelque émotion, rougit, balbutie, se sent mal à l'aise pour répondre et qui, une fois la personne partie, continue à ressentir longuement et très fortement l'excitation et la vive émotion suscitées par l'interpellation.

L'introverti est celui qui fuit le contact des autres, qui fuit les ambiances très stimulantes parce que ces situations éveillent en lui une excitation trop forte, des émotions trop violentes et insupportables au point de le faire souffrir. Sont donc prédisposés à l'introversion les sujets à excitation forte, rapide à s'établir, se dissipant lentement, et à inhibition faible, lente à s'établir et se dissipant rapidement.

Le fondement biologique de ces différences individuelles comportementales serait expliqué par des différences individuelles dans l'antagonisme entre deux systèmes de la formation réticulée, elle-même située dans la partie médiane du tronc cérébral : le système activateur ou formation réticulée ascendante et le système inhibiteur ou formation réticulée inhibitrice. Sous l'effet de la formation réticulée ascendante, le cortex cérébral voit son activité s'accroître, on assiste à ce que les neurophysiologistes appellent un éveil cortical. La formation réticulée inhibitrice supprime, ou tout au moins atténue, les effets facilitateurs que la formation réticulée ascendante exerce sur les activités corticales.

Du point de vue différentiel, on peut dire que chez certains sujets, l'excitation du cortex par la formation réticulée ascendante s'effectue d'une manière particulièrement aisée. D'où la tendance chez les introvertis à éviter l'agitation, les contacts sociaux, tendance qui proviendrait de la difficulté qu'ils éprouvent à contrôler le niveau d'excitation corticale que des stimulations trop intenses suscitent chez eux par l'intermédiaire de la formation réticulée ascendante. Chez d'autres sujets, au contraire, le processus inhibiteur est plus efficace que le processus activateur. De ce fait, les extravertis recherchent les contacts sociaux et les stimulations pour maintenir leur niveau d'excitation corticale.

Le facteur névrosisme est expliqué par l'activité des structures nerveuses responsables du déclenchement de l'émotion. Le **névrosisme** est donc sous la dépendance du système nerveux sympathique et il est lié à des différences individuelles dans le seuil de déclenchement des activités de l'hypothalamus. Les sujets présentant des notes élevées dans le facteur névrosisme peuvent manifester des symptômes névrotiques graves. Ces signes névrotiques combinés avec des scores révélateurs d'une forte tendance à l'extraversion peuvent être le signe de névroses hystériques, alors que les mêmes signes associés à une forte tendance à l'introversion seront générateurs d'angoisse, de phobies et d'obsessions convulsives.

Les hypothèses formulées par Eysenck concernant la dimension introversion-extraversion l'ont conduit à formuler plusieurs hypothèses qu'il a voulu éprouver au moyen d'expériences réalisées en laboratoire. Par exemple, il a montré que l'extraverti se conditionne lentement, qu'il a une moins bonne vigilance devant les tâches monotones et développe plus rapidement une extinction dans ses apprentissages que l'introverti. Toutefois, il distingue l'introversion ou l'extraversion comportementale de l'introversion ou l'extraversion constitutionnelle. Pour lui, dans cette dimension, la constitution ne joue qu'un rôle de potentialité. Ainsi, un sujet prédisposé à l'extraversion, élevé dans un milieu où le respect de l'ordre et de la tradition sont des valeurs morales primordiales, pourra émettre des comportements introvertis et vice versa. On peut en déduire que l'éducation sera capable de modifier la dimension introversion-extraversion alors qu'elle sera inefficace sur les dimensions neuroticisme et psychoticisme. Les analyses de second ordre rendent comparables et compatibles les modèles de la personnalité proposés par Cattell et Eysenck. Reuchlin (1997) remarque que les facteurs de second ordre les plus solidement établis par Cattell concernent un trait d'extraversion-introversion et un trait opposant l'adaptation du sujet ou sa stabilité émotionnelle à l'anxiété. Ces traits présentent une grande ressemblance avec les deux principaux traits décrits par Eysenck.

C. Le modèle en cinq facteurs

Au cours de la dernière décennie, à l'instigation de P. Costa et R. Mc Crae, aux États-Unis, de nombreuses publications ont concerné un modèle de la personnalité composé de cinq facteurs majeurs, les *Big Five* ou les *Five Factor Model* (Extraversion, Névrosisme, Agréabilité, Caractère Consciencieux, Intellect ou Ouverture aux expériences).

De nouvelles analyses des travaux de Cattell ont conduit Costa et Mc Crae à penser que 5 facteurs orthogonaux (non corrélés) pourraient mieux rendre compte d'une structure de la personnalité que les 16 facteurs obliques (c'est-à-dire intercorrélés) que ce chercheur avait obtenus.

Les caractéristiques essentielles des dimension du modèle adapté dans sa version française par J.-P. Rolland (1994) et rapporté par P.-Y. Gilles (1999) sont les suivantes :

1) Extraversion en opposition à introversion (Chaleur, Grégarité, Assurance, Activité, Recherche de sensations, Émotions positives) : l'extraversion se manifeste par une grande sociabilité, la besoin de relations sociales, une certaine assurance, une certaine volubilité et le déploiement d'une grande activité.

2) Caractère agréable (Confiance en autrui, Altruisme, Bienveillance coopérative, Complaisance, Sensibilité). Cette dimension comporte également une composante de docilité et de soumission à autrui.

3) Caractère consciencieux (Responsable, Organisé, Soigneux, Fiable, Minutieux, Persévérant, Sens du devoir). Ce facteur rend compte du besoin de réussite et de l'implication dans le travail.

4) Névrosisme en opposition à Stabilité émotionnelle (Anxiété, Dépression, Timidité Sociale, Impulsivité, Colère, Hostilité). Tendance à focaliser son attention et ses désirs sur les aspects négatifs de la réalité.

5) Ouverture aux expériences (Curiosité, Imagination, Ouverture culturelle, Originalité, Vivacité d'esprit, Sensibilité esthétique).

Suivant le modèle des 5 facteurs, on a construit un questionnaire de personnalité, le NEO-RI-R, qui mérite toute l'attention des psychologues cliniciens. Les facteurs Introversion-Extraversion et Névrosisme se retrouvent encore dans ce modèle.

Pour conclure ce chapitre consacré à l'organisation des conduites dans le domaine centré sur l'affectivité, il paraît évident qu'une structure simple comprenant un nombre restreint de dimensions parmi lesquelles figurent en bonne place les dimensions introversion-extraversion et névrosisme, peut être considérée comme un modèle applicable à tout individu.

Ainsi, les conduites individuelles obéissent à une certaine cohérence. Elles sont donc prévisibles. Cependant, leur prévision n'a de sens que dans une perspective interactionniste, c'est-à-dire qu'elles vont fluctuer de manière plus ou moins importante en fonction des interactions entre l'individu et l'environnement.

7

Les aspects évaluatifs de la conduite : la motivation

Après avoir examiné les processus d'acquisition et de traitement de l'information, nous avons constaté que la personnalité peut être définie comme une partie intégrante du fonctionnement global de l'organisme. La personnalité nous est également apparue en tant que constante individuelle permettant de prévoir le comportement du sujet, c'est-à-dire l'emploi, par le sujet, de tel ou tel processus adaptatif dans des conditions bien définies. Il nous appartient maintenant de nous interroger sur les raisons qui conduisent le sujet à l'action. En d'autres termes, quels sont les mécanismes qui régissent l'orientation et le contrôle de la conduite ?

Pour Nuttin (1984), « l'individu entre dans le comportement à deux niveaux différents : il est toujours l'agent (le sujet actif) du processus mais il peut aussi être l'objet d'une action qu'il exerce sur lui-même (c'est-à-dire sur les relations I. E.), comme lorsqu'il désire changer son état de santé, sa conception de lui-même ou sa réputation auprès des autres. Dans ce cas, l'individu-objet fait partie du monde, ou environnement perçu, sur lequel s'exerce l'action de l'individu-sujet ».

L'action s'exerce sur la situation perçue et va dans la direction d'un but, c'est-à-dire vers une situation conçue. Cette formule fait, en vérité, état de trois processus :

- une action exercée par le sujet ;
- le processus intentionnel ou motivationnel ;
- la production de l'effet.

Le résultat effectivement atteint est l'état des choses tel que le sujet les perçoit au terme de son action. Il peut alors évaluer le résultat de son action en déterminant le degré d'accord entre le résultat espéré et le résultat obtenu.

La psychologie contemporaine fait appel à deux conceptions apparemment opposées de la motivation mais qui, de notre point de vue, peuvent constituer en réalité deux phases successives d'un processus plus général : les **théories des contenus** et les **théories du processus**.

La théorie des contenus la plus caractéristique est celle de Maslow. Parmi les théories du processus, nous présenterons celle à laquelle on fait le plus souvent référence : la théorie de Vroom et Lawler, plus connue en France sous le nom de modèle V. I. E.

A. La théorie de Maslow

Maslow voit en l'homme un animal « qui en veut » ; ses besoins, ses désirs conscients représentent pour lui un ensemble de motivations. Sa théorie repose sur un modèle hiérarchique des besoins : certains besoins doivent d'abord être satisfaits pour que d'autres motivations apparaissent. Il y a d'abord les besoins de base qui occupent une place prépondérante dans le comportement d'un individu. Tant que ces besoins fondamentaux ne sont pas satisfaits, des objectifs plus élevés ne détermineront pas le comportement. Maslow considère que les besoins qui orientent la motivation sont au nombre de cinq.

Les besoins physiologiques. Ils sont pour Maslow les besoins fondamentaux et les plus accaparants. Ces besoins, tels que la faim, la soif, les pulsions sexuelles, etc., se réfèrent, contrairement aux besoins supérieurs, à des parties du corps parfaitement localisées. En cas d'insatisfaction, l'individu est littéralement dominé par ces besoins et les autres motivations sont sans effet.

Les besoins de sécurité. Maslow range sous les termes « besoins de sécurité » la recherche de la stabilité, de la dépendance, de la protection, de la libération de la peur et de l'anxiété. La plupart des adultes tiennent à satisfaire ces besoins de sécurité au point que les motivations qui leur sont liées n'émergent qu'occasionnellement, c'est-à-dire en cas d'urgence.

Les besoins d'appartenance et d'affection. Maslow voit dans l'instabilité de notre monde, dans la rapidité de ses changements, le sentiment d'appartenir à un groupe, de vivre certaines expériences communautaires. Mais au-delà, c'est le besoin d'aimer qui est le principal moteur des motivations à ce niveau.

Les besoins d'estime. Cet ensemble de besoins comprend à la fois le besoin d'être fort, compétent, confiant dans ses propres aptitudes et le besoin d'être reconnu, de voir son statut respecté et de gagner l'estime d'autrui. La satisfaction de ces besoins apporte la confiance en soi et le sentiment de valeur personnelle.

Le besoin de réalisation de soi. C'est le plus élevé de tous les besoins humains. Il se manifeste, pour l'individu, par le sentiment de vivre en utilisant toutes les possibilités qui sont les siennes. Les jeunes expriment souvent ce sentiment d'auto-réalisation par une expression familière très explicite : « Je m'éclate. » C.R. Rogers (1959) utilisait le concept de self-réalisation (*need-achievement*) dans la formulation de sa théorie de la personnalité. Pour lui, il s'agit d'une « tendance inhérente à l'organisme consistant à développer toutes ses potentialités et à les développer de manière à favoriser sa conservation et son enrichissement ».

La théorie de Maslow, si séduisante soit-elle, s'est vu reprocher une description des besoins vraiment trop générale et surtout une liaison quasi linéaire entre la satisfaction des besoins et la cessation de la motivation. S. Freud, A. Adler et d'autres psychanalystes, ont insisté sur l'excès de gratifications qui conduit à certaines fixations : c'est le cas de l'enfant surprotégé, gâté, manipulant ses gratificateurs et dépourvu de toute motivation.

C. Levy-Leboyer (1971), cherchant à étudier l'ambition professionnelle des agents de maîtrise des usines Renault, a pu mettre en évidence les limites de la théorie de Maslow.

Ce personnel d'encadrement, après avoir passé sa journée au travail, suivait, chaque soir, les cours du Conservatoire national des arts et métiers. Les conventions collectives prévoyaient en effet que l'obtention d'un diplôme des arts et métiers permettait à son titulaire de gravir un échelon ou deux dans la hiérarchie de l'entreprise. Interrogeant un large échantillon d'agents de maîtrise qui suivaient ces enseignements, Levy-Leboyer a pu montrer que la motivation de ce personnel revêtait deux aspects : d'une part, ils espéraient une amélioration de leurs rémunérations, et d'autre part, ils attendaient une reconnaissance sociale de la part de leurs pairs comme de leur famille. Ils espéraient, à travers cette reconnaissance, une augmentation en retour de leur propre estime de soi. Le diplôme obtenu, donc les besoins matériels, d'estime, de reconnaissance sociale satisfaits, la motivation selon Maslow aurait dû cesser et les lauréats auraient dû vaquer à d'autres occupations. C'est le contraire qui s'est produit : les agents de maîtrise qui avaient brillamment réussi leurs examens se réinscrivaient, l'année suivante, afin d'obtenir un diplôme de niveau supérieur. Renonçant à rendre compte de ces conduites au moyen de l'approche théorique de Maslow, Levy-Leboyer explique cette motivation récurrente en utilisant le modèle de Vroom et Lawler, ou modèle V.I.E. qui appartient à la classe des théories dites du processus.

B. Une théorie du processus : Le modèle V.I.E.

La motivation est conçue comme la résultante de trois variables qui doivent être présentes simultanément : la Valence (V), l'Instrumentalité (I) et l'Expectation (E).

La valence. La valence peut être définie par la valeur subjective du résultat attendu. Elle est déterminée par la situation personnelle du sujet définie en terme de caractéristiques sociales et de variables qui structurent l'environnement. La valence est liée à l'origine sociale des individus. Elle est également liée à la manière dont le sujet perçoit la place qu'il occupe dans la société. Vroom (1962) fait l'hypothèse qu'un individu s'implique dans l'accomplissement d'une tâche dans la mesure où il considère que sa réussite dans celle-ci met en jeu des aptitudes ou des attributs qui sont centraux dans la conception qu'il a de lui-même.

J.B. Dupont et G. Leresche (1981) définissent le champ des valeurs de futurs bacheliers à l'aide des cinq facteurs suivants : la recherche d'un statut social ; la recherche d'une certaine stabilité et d'une certaine sécurité matérielle ; la recherche d'une certaine autonomie du Moi ; la recherche d'un certain prestige social et la réalisation de Soi. On retrouve à travers ces facteurs certains besoins exprimés par Maslow dans sa théorie.

Pour Gendre (1980), les valeurs (tout comme les intérêts) peuvent être considérées comme résultats de l'interaction entre la structure cognitive et la structure affective. La ré-analyse des « valeurs terminales » de M. Rokeach lui a permis de dégager une quinzaine de facteurs primaires se regroupant en six facteurs de second ordre correspondant aux six types de personnalité de Holland. Pour cet auteur, chaque type de personnalité se retrouve préférentiellement dans un type d'environnement.

La valence est donc le produit d'une interaction complexe entre les structures cognitive et affective de l'individu et un environnement particulier.

L'instrumentalité. Elle peut être définie par la probabilité subjective attribuée à certains résultats consécutifs à la réussite de ce qui a été entrepris. Elle est déterminée par les informations objectives détenues par le sujet, par les informations médiatisées et véhiculées par des réseaux de communication informelle. Enfin, elle est déterminée par l'origine interne ou externe du comportement. La théorie du *locus of control* de J.B. Rotter (1954) porte très exactement sur les relations que les individus entretiennent avec les événements auxquels ils sont confrontés.

La théorie du *locus of control* a été développée à partir des travaux de Rotter et de F.J. Phares. Ces auteurs distinguent deux types de sujets suivant la manière dont ces derniers perçoivent les renforcements comme dépendants ou non de leurs actions. Les sujets à locus interne perçoivent les renforcements comme liés aux résultats de leurs actions. Les sujets dits à locus externe perçoivent les renforcements comme le résultat du hasard ou de conditions dont le contrôle leur échappe. « Ces représentations quant à la source des renforcements reçus peuvent, comme les styles cognitifs, se généraliser et se stabiliser et devenir un facteur de différenciation des individus quant à leur personnalité. » (J.-P. Caverni et E. Drozda-Senkowska, 1981)

L'expectation. L'expectation est la probabilité subjective de réussir, d'atteindre le niveau de performance considéré si l'individu fournit l'effort nécessaire pour le réaliser. Elle est déterminée par les résultats obtenus antérieurement par le sujet lui-même, par l'image de soi renvoyée par les autres ou image sociale de soi (R. Lecuyer,1978 ; H. Rodriguez-Tome, 1974). Elle est enfin fonction du niveau d'estime de soi que s'attribue le sujet lui-même. Elle est donc à ce titre dépendante de la personnalité tout entière. La représentation de soi se modifie significativement dans le sens des opinions favorables ou défavorables qui ont été communiquées au sujet, d'où l'influence d'autrui sur la représentation de soi.

La théorie socio-cognitive du groupe social humain (J.C. Turner, 1981) montre que l'appartenance psychologique à un groupe dépend bien davantage du processus d'identification sociale que des échanges entre les personnes. Les catégories sociales peuvent donc être intériorisées comme structures cognitives de l'image de soi.

Nous avons pu démontrer (P. Benedetto, 1984) que ce mécanisme psychologique est typique chez les étudiants nouvellement inscrits à l'université. Les premières relations sociales vraies risquent alors d'être vécues comme une perte d'identité. Afin d'éviter cette épreuve, l'étudiant doit se relancer à la découverte de lui-même parce qu'il est comme le dit Wallon (1959) « dépaysé devant sa propre personne ».

TROISIÈME PARTIE

Le développement du système-sujet

8

La psychologie génétique : les stades du développement

L'objectif de la psychologie de l'enfant et de l'adolescent a d'abord été de décrire l'évolution du comportement au cours des âges successifs. C'est ainsi que A. Gesell et Ilg s'intéressent à la pensée de l'enfant sous l'angle de l'acquisition du langage, de la notion de temps et de la représentation de l'espace. Après avoir établi des gradients de croissance psychique de six mois en six mois au cours des quatre premières années, ils dressent le portrait de l'enfant de deux ans, puis celui de l'enfant de trois ans et ainsi de suite.

Ces séries de portraits, souvent extrêmement fouillés et pleins de finesse, confèrent au développement un caractère pluri-ponctuel. Afin d'illustrer ce caractère, citons la dédicace de Bates Ames et Chase Haber, auteurs d'une réactualisation des ouvrages de Gesell et Ilg. Le tome consacré à l'enfant de 7 ans (1986) est ainsi dédicacé : « Au docteur F.L. Ilg à qui nous devons l'idée que chaque âge possède, comme chaque personne, sa propre individualité unique. » De telles assertions donnent au développement un aspect discontinu contre lequel il convient d'être mis en garde. Des auteurs, comme Piaget et Wallon, ont dénoncé le caractère fractionnaire et discontinu des « portraits » de Gesell, et ont, en revanche, souligné la continuité et l'unité de la personne au cours du développement.

Pour Piaget, comme pour Wallon, cette continuité et cette unité du développement ne doivent pas être perdues de vue. Elles doivent inversement intégrer les analyses portant sur les stades ou les crises qui la jalonnent.

C'est pour répondre à ces principes d'unité et de continuité que la perspective de recherche s'est par la suite transformée en l'élaboration d'une théorie explicative, d'un modèle rendant compte du développement de l'enfant depuis sa naissance jusqu'à l'âge adulte. Ainsi, à la psychologie de l'enfant essentiellement descriptive, s'est progressivement substituée une psychologie dite génétique, qui s'est proposée de fournir une explication du mécanisme général par lequel s'effectue le développement de l'individu tout au long de son existence, étant entendu que la personne, dans toutes les dimensions psychologiques de son être, se construit et se transforme bien au-delà de l'âge adulte. La psychologie génétique poursuit donc des objectifs différents de celle qu'on qualifie habituellement de psychologie de l'enfant. Les auteurs centrent alors leurs analyses sur les mécanismes qui rendent possible le développement de la personne de l'enfance à l'âge adulte.

À l'heure actuelle, on tend de plus en plus à désigner cette psychologie sous le nom de « psychologie de développement » afin d'une part, d'éviter toute confusion avec les recherches qui portent sur les mécanismes de l'hérédité dans lesquels interviennent les gènes et, d'autre part, de limiter le développement aux périodes de l'enfance et de l'adolescence. Cependant, il faut bien reconnaître que les travaux de l'école piagétienne dominent, aujourd'hui encore, les recherches dans ce domaine et que, de ce fait, la tradition genevoise continue d'imposer à cette discipline le nom de psychologie génétique.

Les recherches en psychologie génétique ont été illustrées, en France, par les travaux de Wallon et se poursuivent encore au sein de l'école qu'il a fondée.

Piaget et Wallon ont dominé, par l'importance de leurs travaux, la psychologie génétique du dernier siècle, non seulement en ce qui concerne les publications d'expression française, mais aussi plus haut niveau international, le premier dans le domaine du développement de l'intelligence, le second dans celui du développement de la personnalité.

Parmi les psychologues du développement qui ont contribué par leurs travaux à l'essor de leur discipline, nous citerons également L.S. Vygotsky qui a mis l'accent sur la primauté des interactions sociales dans le développement cognitif de l'enfant. Nous présenterons ses recherches et sa contribution théorique à la psychologie du développement dans le chapitre consacré aux interactions Individu-Environnement.

Les psychologues du développement, quel que soit leur domaine de recherche, ont tous subdivisé le développement de l'enfant en un certain nombre de stades. L'ordre de succession de ces stades et dans une certaine mesure, l'âge auquel chacun d'eux doit être franchi, sont en principe identiques pour tous les enfants.

Freud, concernant les « pulsions » élémentaires qui gouvernent la vie sensuelle et affective de l'enfant, a construit la première succession de stades : le stade buccal, le stade anal et le stade phallique. Cette succession de stades à laquelle les psychanalystes continuent de se référer, fut décrite dans un de ses premiers ouvrages : *L'interprétation des rêves*, puis maintes fois reprise par la suite et d'une manière particulièrement limpide dans un de ses ouvrages auxquels nous renvoyons le lecteur : *Trois essais sur la sexualité*.

Pour Piaget, le principal objectif de la psychologie du développement cognitif est de mettre en évidence les structures internes du sujet, c'est-à-dire les différents niveaux de traitement définissant les stades successifs du développement. Ces systèmes de traitements sont les déterminants des conduites. Ils caractérisent ce qu'on peut appeler les niveaux de résolution des différents ensembles de problèmes que l'enfant rencontre au cours de sa croissance.

Wallon a de son côté décrit les conflits, les crises qui jalonnent le développement affectif. Au-delà de ces descriptions, il met l'accent sur l'unité de la psychogenèse : « D'étapes en étapes, la psychogenèse de l'enfance montre, à travers la complexité des facteurs et des fonctions, à travers la diversité et l'opposition des crises qui la ponctuent, une sorte d'unité solidaire tant à l'intérieur de chacune qu'entre elles toutes. Il est contre nature de traiter l'enfant fragmentairement. À chaque âge, il constitue un ensemble indissociable et original. Dans la succession de ses âges, il est un seul et même être. »

Nous allons présenter le développement de l'individualité, de l'enfance à l'âge adulte, en regroupant ses différents aspects, suivant la sphère cognitive puis la sphère affective.

9

Le développement de la sphère cognitive : la perspective piagétienne

Tout au long de la phase de croissance physique et mentale dont la longue durée caractérise l'espèce humaine, l'enfant enrichit son univers représentatif, non seulement en intégrant dans ce corpus une masse considérable d'informations nouvelles, mais aussi en restructurant simultanément l'organisation de ses connaissances elles-mêmes et les processus de traitement, c'est-à-dire les divers systèmes de calcul.

1. Le système de traitement de l'information et les processus d'adaptation

La psychologie génétique, au sens piagétien du terme, se propose d'expliquer le fonctionnement des procédures d'adaptation les plus généralisables, c'est-à-dire de l'intelligence, par l'étude de son développement chez l'enfant.

Pour comprendre la conception de l'intelligence selon Piaget, il est indispensable d'avoir toujours à l'esprit la formule suivante : « Le développement de l'intelligence constitue un prolongement des mécanismes biologiques d'adaptation. » Les mécanismes biologiques permettent aux organismes de s'adapter à leur milieu matériel. C'est le cas des processus physico-chimiques qui permettent l'assimilation des substances nutritives. C'est le cas également des mécanismes thermorégulateurs qui permettent à l'organisme une accommodation aux variations de la température ambiante.

Pour Piaget, le développement de l'intelligence généralise ces possibilités d'adaptation. Cette généralisation se réalise de deux manières :

en premier lieu, en élargissant le nombre de situations dans lesquelles jouent, seuls, les mécanismes biologiques, en second lieu et principalement, en élargissant le champ d'action des procédures.

Les mécanismes intellectuels s'inscrivent dans le prolongement des mécanismes biologiques au sein de la relation Individu-Environnement. En effet, toute conduite se présente comme une adaptation ou pour mieux dire une réadaptation. L'organisme n'agit que s'il éprouve un besoin, ce qui signifie en d'autres termes que l'équilibre entre le milieu extérieur et l'organisme est momentanément rompu. Le sujet, par l'intermédiaire de ses actions en direction du milieu, tend à rétablir cet équilibre.

Une conduite est donc un cas particulier d'échange entre l'extérieur et le sujet. Mais les conduites psychologiques se distinguent des simples réactions physiologiques en ce sens qu'elles s'effectuent à des distances spatiales et temporelles de plus en plus grandes. Alors que l'adaptation biologique est matérielle et immédiate, l'adaptation psychologique est immatérielle et peut être différée.

L'intelligence est le plus perfectionné des systèmes de régulation dont dispose l'organisme. Elle permet, non seulement de compenser a posteriori les modifications survenues dans l'environnement, mais aussi de les prévoir, d'anticiper celles qui surviendront et d'agir, par avance, en fonction de celles-ci. Ceci suppose qu'indépendamment du sujet, il existe des relations stables, des régularités dans l'environnement. L'activité de connaissance du sujet consiste pour lui à intégrer ces régularités dans ses propres structures, à les « comprendre » au plein sens du mot. Pour Piaget, les échanges entre le sujet et le milieu extérieur sont des rencontres entre deux organisations. Le sujet intègre, « assimile », l'organisation du milieu à la sienne. Le modèle explicatif réside dans le principe suivant : c'est par son interaction avec le monde physique et social que se développe la personne humaine. Nous avons vu plus haut qu'on appelle **assimilation**, l'action de l'organisme sur les objets qui l'entourent ; de même, on appelle **accommodation**, les actions du milieu extérieur sur l'organisme. Précisons maintenant ce que recouvrent ces deux notions dans les conceptions piagétiennes.

A. L'assimilation

Les physiologistes appellent assimilation, la fonction qui permet à l'organisme d'absorber différentes substances et de les transformer afin de les incorporer à lui-même. De cette définition, retenons que toute assimilation suppose une transformation de la substance en tant que telle, car c'est seulement une fois transformée que la substance s'intègre à l'organisme. Afin de bien expliciter ce principe, Piaget utilise une métaphore : « Le lapin assimile les carottes, sans pour autant devenir carotte lui-même. »

Au plan psychologique, les modifications dues à l'assimilation ne sont pas d'ordre substantiel mais d'ordre immatériel. Piaget (1947) donne un exemple typique d'assimilation : un enfant se saisit, par hasard, d'un hochet et l'ébranle ; surpris par le résultat, il le secoue à nouveau et fait ensuite de même à plusieurs reprises. Le premier mouvement exécuté, suivi de son résultat, constitue une action totale. Sitôt le hochet devenu silencieux, l'enfant éprouve le besoin de retrouver le résultat qui a éveillé son intérêt. Le hochet est alors assimilé à l'action précédente. Cette assimilation déclenche, à son tour, la reproduction intentionnée de l'action elle-même. A.L. Baldwin a appelé réaction circulaire cette assimilation reproductrice qui consiste en la répétition active d'un résultat obtenu une première fois par hasard.

B. L'accommodation

Physiologiquement, par l'accommodation, le milieu agit sur l'organisme. Cependant, l'être vivant ne subit jamais telle quelle la réaction des corps qui l'environnent, il modifie simplement le cycle assimilateur en l'accommodant à eux. Psychologiquement, il en est de même : la pression des choses aboutit toujours, non pas à une soumission passive, mais à une modification de l'action dont elles font l'objet. Cette action peut être réelle ou intériorisée c'est-à-dire effectuée de manière symbolique. Les réactions circulaires tertiaires nous fournissent un exemple de cette assimilation reproductrice avec accommodation différenciée et intentionnelle. Ayant découvert la trajectoire de chute d'un objet, l'enfant va chercher à le lancer de différentes façons de manière à faire varier, sur le sol, le point de percussion.

Une conduite est d'autant plus « intelligente » que les trajectoires entre le sujet et les objets sur lesquels porte son action sont elles-mêmes plus complexes.

Face à un problème nouveau, l'adaptation intelligente consiste à déclencher l'activité du sujet afin de lui permettre la réalisation d'essais successifs. Certains de ces essais sont sélectionnés après coup, compte tenu des résultats positifs de l'expérience. Ils deviendront par la suite des procédures immédiatement mobilisables face à un problème nouveau présentant certaines analogies avec ceux résolus précédemment. Ce mécanisme empirique fonctionne dès le plus jeune âge, d'abord lors des actions effectuées au niveau du corps propre, ensuite lors des activités concrètes sur les objets l'enfant sélectionne les essais qui lui permettent d'atteindre l'objectif attendu. Puis ces actions s'intériorisent et, au moment de l'adolescence, elles prennent la forme d'hypothèses et de déductions logiques qui permettent de prévoir, par la pensée, un résultat. Ces anticipations dues à la conscience que le sujet possède des relations existant dans le milieu extérieur sont par la suite soumises à l'épreuve des faits. Si le fait observé ne correspond pas au fait attendu, l'individu devra alors modifier ses hypothèses et les déductions logiques qu'il leur avait associées. L'organisation cognitive du sujet s'en trouve sensiblement modifiée.

L'adaptation est donc le processus par lequel le système-sujet modifie son fonctionnement à chaque instant et se transforme en conséquence afin d'établir une correspondance étroite entre le comportement initialement projeté et son comportement effectif. L'adaptation se trouve ainsi fondée sur la conjonction de deux concepts, celui de fonctionnement et celui de transformation. Le concept de fonctionnement rend compte de la dimension synchronique de l'adaptation, alors que le concept de transformation introduit sa dimension diachronique. Le comportement ou l'activité du système-sujet se représente donc inséparablement par ces deux composantes : le faire (c'est-à-dire la fonction) et le devenir (la transformation). Le modèle classique du système qui, en fonctionnant, se transforme et en se transformant assure de nouvelles fonctions, caractérise la procédure structuraliste dont nous allons maintenant esquisser les grandes lignes.

2. Le structuralisme génétique

La conception de Piaget a été qualifiée de structuralisme génétique. La démarche piagétienne consiste d'abord à recueillir les conduites motrices ou verbales d'un sujet donné face à un problème parfaitement identifié. Dans la perspective structuraliste, il émet l'hypothèse que l'ensemble de ces conduites est organisé. Il cherche alors à en formuler la structure sous-jacente.

Une fois recueillis les corpus de réponses de sujets d'âges différents confrontés aux mêmes problèmes, le psychologue peut dégager l'évolution de l'organisation de ces conduites ; c'est ainsi qu'il adopte une perspective génétique. Quatre critères définissent la structure :

1) une structure est une totalité nouvelle par rapport aux connaissances de base qui en sont les éléments.

2) les éléments composant la structure se transforment entre eux en même temps qu'ils sont intégrés dans une structure nouvelle. Par exemple, dès 2 mois, les bébés sont capables de reconnaître visuellement la forme d'un objet qu'ils ont manipulé sans contrôle visuel. Cependant, une reconnaissance tactile d'un objet préalablement regardé n'a pu être observée avant 5 mois. L'organisation perceptive tactile, donc la structure des informations recueillies sur son environnement, élaborée à partir de la manipulation des objets n'est pas la même que celle qui résulte du fonctionnement visuel.

3) toute structure constitue un système de composition de connaissances rendue possible par la réversibilité. Toute transformation peut être annulée par la transformation inverse. Transvaser le liquide con-

tenu dans un verre dans un récipient plus large est une transformation qui peut être annulée en effectuant le transvasement inverse, auquel cas on retrouvera la même configuration perceptive que celle qu'on avait au départ. C'est parce qu'il perçoit la même configuration, avant et après le transvasement que l'enfant affirme que la quantité de liquide n'a pas changé. La compréhension de la conservation de la quantité de liquide dépend donc de la possibilité de pouvoir effectuer la transformation inverse.

4) une structure contient en elle-même sa propre possibilité d'évolution : c'est le critère d'autoréglage. Pour Saada-Robert et Ackerman-Valladeo (1985), « il s'agit d'un mécanisme qui permet à la fois de préserver un équilibre (atteint lors de la constitution de la structure actuelle) et de passer à un équilibre plus stable (nécessité de passer à une nouvelle structure ».

3. Les facteurs de développement intellectuel

Quatre facteurs ont été proposés pour rendre compte du développement de l'intelligence : la maturation du système nerveux, les actions effectuées par le sujet lui-même, les facteurs sociaux, l'équilibration entre les processus assimilateurs et les processus accommodateurs.

La maturation du système nerveux. À la naissance, le système nerveux de l'homme n'a pas encore acquis toutes ses capacités. La différenciation fonctionnelle et l'interconnexion de ses éléments, neurones, voies, etc., ne sont pas physiologiquement achevées. Elles se poursuivent durant toute l'enfance. Il est évident que cette maturation inachevée limite les possibilités de l'enfant au niveau de ses conduites. Par exemple, la coordination entre la vision et la préhension n'est possible qu'à partir du moment où les voies nerveuses sont physiologiquement en état de fonctionner. Elles ne le seront qu'au moment où leur myélinisation sera terminée, c'est-à-dire aux environs de 4 mois et demi.

Les actions du sujet lui-même. Le sujet, en agissant sur les objets, sélectionne les essais dont les résultats sont jugés par lui efficaces. Il acquiert ainsi une certaine expérience. L'expérience acquise au cours de ces actions sur les objets, présente, pour Piaget, deux composantes. La première consiste à extraire de ces objets un certain nombre de caractéristiques, un certain nombre de qualités propres à partir d'une expérience physique. Il s'agit d'abstractions simples. Le sujet retient la forme, la couleur, le poids, etc., de ces objets. La seconde, appelée abstraction réfléchissante, consiste à extraire une qualité qui n'est pas propre aux objets eux-mêmes, en tant qu'objets physiques et réels. Il s'agit d'extraire une qualité propre à la réalité abstraite que représentent ces objets. Un exemple nous permettra de mieux expliciter cette notion. Un enfant compte de gauche à droite, puis de droite à gauche, la même série de cailloux posés devant lui. Il constate qu'il obtient toujours le même nombre, ce qui, pour lui, n'était pas évident a priori. Il extrait de la sorte une qualité de cette suite de cailloux qui n'est pas une qualité propre à ces objets. La qualité extraite, ici le nombre de cailloux, appartient à la coordination des deux dénombrements effectués dans les deux sens. Une telle abstraction est qualifiée de réfléchissante.

Les facteurs sociaux. Le premier de ces facteurs est le langage qui permet, comme nous l'avons vu précédemment, d'obtenir une masse incommensurable de connaissances par l'intermédiaire de canaux de transmission de plus en plus complexes et variés.

Ce sont aussi les interactions sociales que l'enfant entretient avec ses pairs dès le plus jeune âge. H. Montagner (1978) a montré qu'un enfant, dès l'age de six mois, mis en présence d'un autre enfant du même âge, essaie d'attirer l'attention de ce partenaire par des mimiques bien précises, avant d'entrer en communication avec lui. C'est enfin l'éducation formelle délivrée par la famille et les institutions éducatives : crèche, école, etc.

L'équilibration. L'intelligence peut aussi être définie par la direction dans laquelle est orienté le développement du Système de Traitement de l'Information. Cette conceptualisation complexe de l'information permet de rendre compte des processus d'adaptation téléologique du système. Le modèle explicatif réside dans le principe suivant : c'est en interaction avec le monde physique et social que se développe la personne humaine. Piaget rejette, d'une part, les positions néo-darwiniennes pour lesquelles le milieu élimine tout ce qui ne lui convient pas et, de ce fait, joue un rôle essentiellement négatif. Il rejette d'autre part, celles du béhaviorisme qui supposant qu'à tout stimulus correspond une réponse de l'individu, proposait un tableau exactement inverse : le milieu extérieur constituant de ce fait la seule source possible du progrès cognitif.

Le développement cognitif se caractérise comme la recherche d'un équilibre sans cesse remis en cause entre les actions de l'organisme sur le milieu et les actions inverses. Pour qu'il y ait adaptation intelligente, il est nécessaire, selon Piaget, qu'il y ait un équilibre entre l'assimilation et l'accommodation. Lorsque le sujet tente de s'adapter en faisant uniquement appel à l'assimilation, ses conduites demeurent indifférenciées. En l'absence d'assimilation, il ne peut tenir compte des spécificités de situations rencontrées. Réciproquement, c'est-à-dire lorsque l'accommodation intervient seule, le sujet ne peut, en l'absence d'assimilation, enrichir sa conception des multiples situations (littéralement, il faudrait dire « faire siennes ») qui se sont présentées à lui, et auxquelles, cependant, il a tenté de s'accommoder.

4. Les schèmes opératifs

Piaget désigne par schème d'une action, « la structure générale de cette action, se conservant au cours de diverses réalisations, se consolidant par l'exercice et s'appliquant à des situations qui varient en fonction des modifications du milieu ». Un schème englobe en un tout des mouvements et des sensations, « les données de la perception extérieure ainsi que les impressions internes de nature affective, kinesthésique, etc. ». Il s'acquiert par l'assimilation. Si l'objet est utilisé et compris relativement aux actions que le sujet peut avoir sur lui, on peut dire que l'assimilation d'un objet confère une structure cognitive à ces actions et que, réciproquement, un objet ne peut faire partie de l'univers du sujet que s'il est assimilé à un schème. Si l'organisation d'un schème résulte bien de l'activité du sujet, elle résulte aussi du fait que l'activité du sujet porte sur des objets auxquels le schème doit s'accommoder. L'accommodation permet, entre autres choses, de coordonner les schèmes différenciés par l'assimilation.

10

Les stades du développement cognitif

Piaget distingue au cours de l'enfance et de l'adolescence trois grands stades du développement cognitif. Chacun de ces stades peut être caractérisé par une organisation particulière des conduites. Il décrit cette organisation en terme de structure logico-mathématique.

Le premier de ces stades est le **stade sensorimoteur** qui va de la naissance à la fin de la deuxième année. Vers un an et demi, l'enfant coordonne les déplacements qu'il effectue successivement dans l'espace suivant une structure de groupe. Cette structure de groupe est « agie » sans être évidemment conçue et pensée.

Le second stade, ou stade des opérations concrètes appelé encore **stade opératoire**, s'étend de la fin de la deuxième année à la préadolescence ; il se termine aux alentours de la fin de la onzième année. Au cours de cette période, l'enfant devient capable d'effectuer mentalement des opérations et leur inverse. On appelle en effet opération, une action intériorisée ou intériorisable, réversible et coordonnée avec d'autres opérations en une structure globale. Au cours de cette même période, la réversibilité se présente sous deux formes : la première est celle qui correspond à la logique des classes : la négation. Le sac de Françoise est rouge. Il appartient à l'ensemble (la classe) des objets rouges. Le sac de Françoise n'est pas rouge. Il n'appartient pas à la classe des objets rouges. La seconde est la réciprocité : elle correspond à la logique des relations. Si la relation d'ordre : « Jean est plus petit que Jacques » n'est pas vraie, alors sa réciproque est vraie : « Jacques est plus petit que Jean » (nous laissons de côté le cas où Jean et Jacques seraient strictement de la même taille, la relation étant alors une relation d'équivalence). Au stade opératoire, ces deux formes de réversibilité, négation et réciprocité, ne peuvent encore se coordonner dans un structure unique ; c'est pourquoi la structure d'ensemble des opérations de ce stade est appelée groupement. On pourrait dire qu'il s'agit d'une structure inachevée.

Le troisième stade, **stade hypothético-déductif** ou stade formel est effectivement le stade où les deux formes de réversibilités peuvent se coordonner et permettent ainsi l'achèvement de la structure de groupement en une structure de groupe. Alors qu'au stade opératoire, la structure de groupe s'applique à un ensemble de déplacements concrets réellement effectués par l'enfant, au stade formel, la même structure s'applique à la coordination d'énoncés verbaux (ou propositions) suivant les règles de la logique formelle.

Nous allons maintenant décrire le contenu de ces trois stades.

1. Le stade sensorimoteur

Le développement de l'intelligence sensorimotrice intéresse les deux premières années de la vie, de la naissance à l'acquisition de la fonction sémiotique et plus particulièrement du langage. L'intelligence sensorimotrice est donc essentiellement pratique. Piaget découpe cette période de deux ans en six sous-stades :

Le *premier sous-stade* qui se déroule en gros pendant le premier mois est la période d'exercice des réflexes. On entend par réflexes, « un montage héréditaire qui fonctionne dès la naissance » et qui « si bien monté soit-il, en tant que mécanisme physiologiquement héréditaire et si fixé paraisse-t-il en son automatisme immuable, n'en a pas moins besoin de certains exercices pour s'adapter [...] à la réalité extérieure ». Les réflexes ne se réduisent pas à l'arc réflexe classique. Ils forment des totalités organisées et non des mécanismes juxtaposés. Leur exercice est donc autre chose qu'un phénomène local et segmentaire ; il constitue un mode de liaison et d'interaction entre l'organisme et le milieu. Il est une réaction totale, c'est-à-dire la réponse de l'organisme à une stimulation du milieu. Le réflexe de succion est déjà en lui-même un montage complexe de plusieurs réflexes plus élémentaires : réflexe de fouissement, réflexes labiaux et réflexes de succion proprement dits, et donne lieu à un premier schème possédant le caractère typique d'« assimilation généralisatrice ». Cette assimilation se manifeste de la manière suivante : entre deux tétées, donc sans avoir réellement faim, un enfant de deux semaines, au hasard de ses mouvements, se met à sucer ses doigts, son duvet, sa couverture de laine, etc., comme s'il s'agissait d'incorporer des objets toujours plus varié au schème de la succion.

Le *second sous-stade*, qui s'étend de 1 à 4 ou 5 mois, est la période d'acquisition des premières adaptations véritables : premières habitudes sous la forme de réactions circulaires primaires, premiers conditionnements stables favorisés par l'apparition de véritables signaux. La réaction circulaire est la répétition intentionnée d'un résultat obtenu une première fois par hasard. Les réactions circulaires primaires s'exercent sur le corps propre. Comme l'activité réflexe du premier sous-stade, la réaction circulaire primaire est une répétition, mais tandis que la première était la répétition d'un cycle congénital, la seconde est la répétition d'un cycle nouveau récemment acquis. Le cycle est nouveau grâce à l'incorporation par hasard (assimilation génératrice) d'éléments intéressants dans le circuit initial, c'est-à-dire la structure réflexe de départ.

Le *troisième sous-stade* qui couvre la période s'étendant du 5ᵉ au 9ᵉ mois, est celui des réactions circulaires secondaires et des procédures destinées à faire durer un spectacle intéressant. Parmi les réactions circulaires secondaires, la plus typique et la plus connue est celle de l'enfant qui, d'un geste maladroit, laisse choir sa cuillère sur le sol. La cuillère étant remise entre ses mains, il la laisse tomber à nouveau, afin de réentendre le bruit qui l'a séduit. L'acquisition fondamentale du sous-stade précédent, à savoir la préhension à la vue des objets, va, au cours du troisième sous-stade, présenter plusieurs conséquences : en premier lieu, elle amène l'enfant à passer gestuellement de son corps propre au monde des choses. Vis-à-vis de celles-ci, il commence par appliquer les réactions circulaires primaires qu'il a précédemment acquises ; mais en manipulant les objets, il découvre bientôt par hasard de nouveaux résultats qui éveillent son intérêt et suscitent de nouvelles réactions circulaires, les réactions circulaires secondaires. Parmi les réactions circulaires de ce stade, citons les schèmes relatifs aux objets saisis : schèmes de frapper, de secouer, de frotter l'objet contre un autre objet, schème de passer l'objet d'une main à l'autre, etc. Ces différents schèmes sont les esquisses de la classification des objets qui caractérisera le stade suivant, le stade opératoire. Ils traduisent ainsi, au niveau sensorimoteur, le prélude des opérations de rangement dans la classe des objets à frapper, des objets à secouer, etc. En second lieu, dans l'effort que fait l'enfant pour retrouver, avec les objets manipulés, le résultat intéressant qu'il vient de découvrir, il est amené à différencier les moyens des buts poursuivis. Pareille différenciation, encore rudimentaire, car les buts ne sont pas posés à l'avance, n'en augure pas moins l'apparition des premières adaptations intentionnelles.

Le *quatrième sous-stade* qui s'étend sur la période de 9 à 12 mois, est celui de la coordination des schèmes secondaires. Au cours de cette période, l'enfant ne se borne plus à reproduire les séquences découvertes par hasard (réactions circulaires) ; il applique les schèmes ainsi découverts à des situations nouvelles, en les coordonnant entre eux. Plusieurs acquisitions importantes en résultent : par l'application des schèmes acquis à des situations nouvelles, l'un des schèmes assigne un but à l'action, tandis que l'un des autres sert de moyen pour atteindre ce but. On assiste alors à une subordination des moyens au but poursuivi, avec un but « posé à l'avance » qui marque un progrès considérable dans l'organisation des adaptations intentionnelles. En présence d'un objet nouveau, l'enfant ne se limite plus à l'utiliser uniquement en vue de l'exercice d'un de ses schèmes ; il lui applique à tour de rôle (à titre d'exploration tâtonnante) tous les schèmes acquis. Il résulte de cette mobilité des schèmes une sorte de définition de l'objet par son usage qui enrichit le nouveau système de signification. Lorsque l'exploration tâtonnante aboutit par hasard à la découverte de phénomènes nouveaux, naissent de nouvelles réactions circulaires auxquelles Piaget a donné le nom de réactions circulaires dérivées. C'est le cas du schème de lâcher-rattraper qui constitue une acquisition nouvelle non seulement par rapport à l'acte de lâcher plus ou moins volontairement tout objet manipulé, mais aussi par rapport à l'acte de lâcher un objet pour en saisir un autre.

Le *cinquième sous-stade* dont la durée s'étend de 12 à 18 mois, est caractérisé par la mise en place des réactions circulaires tertiaires et la découverte de moyens nouveaux. En premier lieu, ce sous-stade est celui de la constitution de nouveaux schèmes dus, non plus à la simple reproduction de résultats fortuits, mais à une sorte d'expérimentation ou de recherche de la nouveauté en tant que telle. C'est le caractère « d'expérience pour voir » que prendront ce que Piaget appelle les réactions circulaires tertiaires : l'enfant part d'un schème secondaire et découvre un résultat nouveau, puis à la différence des réactions circulaires secondaires (simples ou dérivées), il répète ses mouvements en les variant et en les graduant « sans savoir ce qui va se passer ». Dans le schème du lâcher-rattraper, l'enfant cesse de prêter attention à l'acte de lâcher et s'intéresse dorénavant au mouvement de chute lui-même. Il fait varier le point de chute en lâchant l'objet en des points différents ou en faisant varier l'impulsion initiale. En second lieu, ce sous-stade se reconnaît à l'apparition d'un type supérieur de coordination des schèmes : la coordination dirigée par la recherche de moyens nouveaux. La découverte de ces moyens est en fait imposée à l'enfant par des obstacles qui l'empêchent de parvenir au but qui l'attire en n'utilisant que des schèmes connus. Un certains nombre de conduites décrites par Piaget sont caractéristiques de ce sous-stade :

– la conduite du support consiste à attirer un coussin, une couverture, etc., afin de rapprocher et saisir un objet éloigné posé sur ces supports.

– la conduite du cordon consiste à tirer à soi un objet pour le saisir en se servant d'une ficelle.

– la conduite du bâton suppose l'utilisation d'un instrument qui n'est plus le prolongement de l'objet comme la ficelle mais qui permet de rapprocher un objet éloigné ne pouvant être saisi directement. D'autres conduites sont caractéristiques de ce stade : citons par exemple celles qui tiennent compte des rapports de contenant à contenu : emboîtements de tubes creux de dimensions différentes, encastrement d'un rond de bois dans un logement creusé sur une planchette, etc. On retrouve ici les très nombreux exercices sensoriels proposés aux enfants lors des séquences éducatives organisées dans les crèches d'abord, à l'école maternelle ensuite.

Le *sixième sous-stade* qui débute vers le 18e mois et se termine aux environs de 2 ans, est le stade de l'invention de moyens nouveaux par combinaison mentale. Cette fois-ci, les conduites tranchent complètement avec les conduites précédentes. La découverte de moyens nouveaux convenant à des situations nouvelles peut en effet désormais dépasser le tâtonnement dirigé par apprentissage empirique pour prendre la forme d'une invention par combinaison mentale. Concrètement, cette transformation se produit par le fait qu'en présence d'une tâche nouvelle, l'enfant après quelques essais infructueux, s'interrompt et trouve subitement la solution. Piaget (1947) écrit : « Ces procédés appartiennent aux faits de restructuration brusque et à l'"Aha-Erlebnis" [Ah, c'est cela] de K. Bühler qui donne un sentiment de compréhension soudaine. »

À l'âge de deux ans, à l'issue du stade sensorimoteur, l'enfant s'est enrichi de deux acquisitions fondamentales : le schème de l'objet permanent et l'organisation de ses déplacements suivant une structure de groupe.

Le schème de l'objet permanent. L'enfant cesse d'abord de rechercher un objet disparu de son champ visuel. Au cours du troisième sous-stade, il cherche l'objet disparu en dehors même du champ de sa perception, c'est-à-dire derrière les écrans qui ont pu s'interposer entre le sujet et l'objet initialement perçu. Un enfant de un an environ est assis entre deux coussins. Son père cache sa montre alternativement sous l'un ou sous l'autre. L'enfant cherche la montre là où il l'a vue disparaître. Si le père cache d'abord la montre sous le coussin A, puis, sous le regard de l'enfant, la retire et la dissimule sous le coussin B. L'enfant va rechercher la montre sous le coussin A, voyant qu'elle ne s'y trouve pas, il va ensuite soulever le coussin B. À la fin du stade sensorimoteur, l'enfant va directement rechercher la montre sous le coussin B, ce qui signifie qu'il est capable de diriger sa recherche en faisant appel à des schèmes représentatifs et de reconstituer et de composer, au plan représentatif, des déplacements qu'il a enregistrés dans sa mémoire.

Le groupe des déplacements. L'enfant de 24 mois est capable d'organiser ses déplacements dans l'espace suivant une structure logicomathématique à laquelle les mathématiciens ont donné le nom de groupe. Cette structure n'est évidemment pas manifeste au niveau du conçu ; elle l'est uniquement au niveau du vécu.

La définition formelle d'un groupe mathématique est la suivante : un groupe est un ensemble, muni d'une loi de composition interne ; cet ensemble possède un élément neutre ; chaque élément a un inverse ; la loi de composition interne est associative. Cette définition, si abstraite soit-elle, permet de décrire les activités motrices d'un enfant de deux ans. Tous les déplacements effectués par l'enfant constituent un ensemble. Un déplacement suivi d'un déplacement, c'est-à-dire composé avec un autre déplacement, donne un déplacement. C'est en ce sens qu'on dit que la loi de composition des déplacements est une loi interne. Il existe un déplacement qui ne modifie pas la position du sujet : « rester à la même place ». On dit que ce mouvement est le mouvement neutre, car tout mouvement associé au mouvement neutre ne se trouve pas modifié. Tout mouvement a un inverse, c'est-à-dire un mouvement qui, associé au mouvement initial, redonne le mouvement neutre. Concrètement, tout mouvement allant de A à B peut être annulé par un autre mouvement allant de B à A. Enfin, les mouvements peuvent se composer ainsi : aller de A à B, puis de B à C, puis de C à D est équivalent d'aller de A à C puis de C à D, ou encore de A à B, puis de B à D.

Ces quatre règles qui président à la composition des mouvements de l'enfant sont bien celles (on les appelle des axiomes) qui définissent une structure de groupe au sens mathématique du terme.

En résumé, l'enfant, au terme de sa deuxième année, a acquis le schème de l'objet permanent et ses déplacements dans l'espace sont organisés suivant une structure de groupe. Il s'agit de la première structure équilibrée qui, circonscrite par les limitations de l'action, ne constitue pas encore une forme de pensée. Cependant, l'intelligence sensorimotrice, qui se caractérise par une organisation progressive des actions de l'enfant au niveau du vécu, est en fait la source de la pensée. L'apparition de la fonction symbolique va développer cette intelligence née de l'action en pensée symbolique et pré-conceptuelle.

2. Le stade des opérations concrètes

Pendant les deux premières années, l'enfant acquiert des coordinations sensorimotrices qui comportent déjà des mises en relation et des généralisations. L'évolution, à la fin de cette période, aboutit simultanément à la formation d'un invariant élémentaire, le schème de l'objet permanent, et à l'achèvement de la structure de groupe (groupe des déplacements) appliquée empiriquement à l'espace proche.

La période suivante est essentiellement occupée par l'acquisition de la fonction symbolique, ou fonction sémiotique, et tout particulièrement, par l'acquisition du langage. En prolongeant l'intelligence sensorimotrice, la pensée de l'enfant procède à une différenciation des signifiants et des signifiés et l'utilisation progressive des signes verbaux conduit à une restructuration des acquisitions antérieurement réalisées. Les schèmes d'action, jusqu'alors inconscients et immédiatement agis, vont, par le jeu de la fonction sémiotique, s'intérioriser. Comme les actions réelles du stade sensorimoteur, les actions intériorisées vont s'organiser en structures. De plus, en se verbalisant, elles commencent à être réversibles. Elles deviennent alors des opérations qui répondent parfaitement au sens piagétien du terme, à savoir des actions intériorisées ou intériorisables, réversibles et coordonnées en structures d'ensemble.

Le stade des opérations concrètes se subdivise en deux périodes : la période représentative pré-opératoire, appelée aussi stade intuitif et qui s'étend de 2 à 7 ans, et la période opératoire proprement dite qui se situe entre 7 et 11 ans. Une longue période s'écoule donc entre le moment où l'enfant commence à intérioriser ses schèmes d'action et à disposer du langage (2 ans) et le moment où sa pensée devient opératoire.

Au stade intuitif, la pensée est prisonnière des données perçues, de leur configuration. L'enfant déclare qu'un objet qui change de forme, change aussi en quantité de matière, en poids et en volume. Par exemple, le boudin formé à partir d'une boulette de pâte à modeler sera jugé plus lourd « parce qu'il est plus long », ou moins lourd « parce qu'il est plus mince que la boule ». Les deux caractères, longueur et diamètre, variant en sens inverse, ne peuvent être pris en compte simultanément par l'enfant. Il centre sa pensée sur un seul de ces deux caractères opposés. Aussi l'entend-on répondre : « C'est plus lourd », lorsqu'il centre sa pensée sur la longueur du boudin et quelques instants plus tard, « c'est moins lourd », sa pensée s'étant cette fois centrée sur le diamètre. Les deux réponses ne présentent pas à ses yeux la moindre contradiction. Il se contente de modifier son jugement en fonction de l'aspect qu'il perçoit dans le présent le plus immédiat. Le monde apparaît donc à l'enfant comme une mosaïque d'éléments singuliers, parcellaires, directement en rapport avec son expérience personnelle. C'est pourquoi la forme dominante de la pensée de l'enfant au début de la période intuitive est l'**égocentrisme intellectuel**.

Tout le développement intellectuel de l'enfant pendant cette période et au-delà de celle-ci, jusqu'à la fin du stade formel, consistera en une **décentration progressive**. Dès la deuxième année, l'accession à la fonction sémiotique, ou fonction symbolique, permettra à l'enfant de se décentrer par rapport au réel. Elle va lui donner « la capacité d'évoquer des objets ou des situations non-perçues actuellement, en se servant de signes ou de symboles » (Piaget et Inhelder, 1963). Signes et symboles servent donc à évoquer le réel (le signifié) auquel ils renvoient, mais dont ils se différencient.

La fonction sémiotique qui rend possible la capacité évocatrice dont parlent Piaget et Inhelder prend les formes suivantes : le langage, l'imitation différée, l'image mentale, le dessin et le jeu symbolique.

Dans la période suivante (de 7 à 11-12 ans), avec l'acquisition de la réversibilité, les opérations de classification et de sériation s'établissent pendant que se constituent les invariants de substance, de poids et de volume. Les expériences qui mettent le plus clairement en évidence la présence (ou l'absence) d'opérations réversibles chez un enfant portent sur les conservations. Les conservations de la substance, du poids du volume ont été éprouvées dans une série d'expériences mises au point par Piaget au cours desquelles il observe et note toutes les réactions des enfants, et plus particulièrement leurs réponses verbales. Il qualifiera cette démarche de recherche comme celle de la méthode clinique.

Voici, présenté succinctement, le **protocole** de cette démarche. Afin d'éprouver la conservation de la substance, le psychologue présente à l'enfant deux boulettes de pâte à modeler rigoureusement identiques. L'enfant confirme « qu'il y a la même chose de pâte » dans l'une et l'autre boulettes. On déforme, devant les yeux de l'enfant, l'une des deux boulettes. On interroge l'enfant pour savoir s'il considère « qu'il y a toujours le même chose de pâte ». On lui demande alors de justifier sa réponse.

Pour chacune des conservations éprouvées, substance, poids et volume, on observe trois niveaux de réponse : aucune conservation ; des réactions intermédiaires (conservation affirmée ou non selon les circonstances) ; conservation acquise dans tous les cas. Ces observations « cliniques » ont permis de mettre en évidence des décalages quant aux âges d'acquisition de ces trois notions : Substance, vers 7 ans ; Poids, vers 9-10 ans ; Volume, vers 11-12 ans.

Ces décalages qui ne peuvent être expliqués par l'existence de structures différentes entre l'organisation des trois notions, portent le nom de décalages horizontaux. D'un milieu à l'autre, les âges peuvent varier, l'ordre, lui, reste constant. Les justifications fournies par les sujets conservants montrent bien que les opérations mentales qui les ont conduits à affirmer la conservation sont réversibles. Ces arguments sont de trois types :

Le premier est une réversibilité simple ou inversion : on peut remettre la boulette dans son état primitif.

Le second fait appel à une forme plus subtile de réversibilité, la réciprocité : le boudin est plus long, mais il est moins large.

Le troisième argument fait appel à l'identité : on n'a rien enlevé, rien ajouté.

Les expériences portant sur la conservation montrent que l'enfant acquiert vers l'âge de 7 ans la réversibilité logique qui donne à sa pensée une mobilité telle qu'une action effective (la déformation de la boulette) peut être annulée en pensée par une action inverse ou compensée par une action réciproque. L'activité cognitive de l'enfant devient opératoire à partir du moment où elle possède cette mobilité.

Alors que le premier invariant, le schème de l'objet permanent, est acquis à la fin du stade sensorimoteur, d'autres invariants, mis en évidence par les diverses épreuves de conservation, se construisent au cours du stade opératoire, la réversibilité des activités cognitives favorisant leur construction. Ces invariants ne se constituent qu'encadrés et soutenus par les activités du sujet. C'est la raison pour laquelle les conservations s'élaborent conjointement aux structures logico-mathématiques qui organisent leurs schèmes. Ces structures sont les classifications et les relations.

A. Les opérations de classification

Les conduites de classifications peuvent donner lieu à des expériences qui permettent de déterminer la hiérarchie des structures élaborées spontanément par l'enfant. On observe ainsi 3 types de réalisations :

Vers 4-5 ans, l'enfant auquel on demande de classer, en mettant ensemble ce qui va ensemble, divers objets variant par la taille, la couleur et la forme, réalise des collections figurales. Avec ces différents objets, il réalise des constructions : maisons, routes, rivières, etc.

Entre 5 et 7 ans, il classe en petits tas les objets qu'ils considère comme « ressemblants », mais ces petits tas ne sont pas emboîtés ou inclus dans des classes plus générales.

À partir de 8 ans, les enfants construisent d'emblée des classifications emboîtées et parviennent à « quantifier » l'inclusion.

Piaget éprouve l'acquisition de cette quantification au moyen de deux investigations qu'il dénomme « les tous et les quelques » et la quantification « des perles brunes et des perles en bois ». L'expérience des « tous et des quelques » consiste à donner à l'enfant un matériel composé de 5 ronds bleus, 2 carrés rouges, 2 carrés bleus.

Les questions posées sont les suivantes :

Tous les ronds sont-ils bleus ?
Tous les bleus sont-ils ronds ?
Tous les carrés sont-ils rouges ?
Tous les rouges sont-ils des carrés ?

Les réponses fournies montrent que les enfants de 7-8 ans confondent souvent l'expression « tous les ronds sont bleus » avec « tous les bleus sont ronds ». « Tous les ronds sont bleus » signifie pour eux « tous les ronds sont tous les bleus » et non « tous les ronds sont quelques bleus ».

La deuxième expérience consiste à présenter à l'enfant un collier formé d'une vingtaine de perles en bois dont la plupart sont teintées d'une couleur brune. Seules quatre perles sont blanches. On indique à l'enfant que toutes les perles du collier sont en bois, ce qu'il confirme de lui-même quand on l'interroge. L'enfant identifie de même les deux sous-ensembles de perles définis par leur coloration : le sous-ensemble des perles « blanches », celui des perles « brunes ». On lui pose ensuite la question : Si j'enlève de ce collier toutes les perles en bois, restera-t-il encore des perles ? Réponse de l'enfant : Non. Pourquoi ? demande le psychologue. Parce que toutes les perles sont en bois répond l'enfant. Nouvelle question du psychologue : Y a t-il, dans ce collier, plus de perles en bois ou plus de perles brunes ? L'enfant répond presque toujours avant 7 ans : « Il y a plus de brunes parce qu'il y a seulement quatre perles blanches. » La même expérience peut être conduite en changeant de matériel. On présente à l'enfant un bouquet de fleurs (ensemble B) composé d'une douzaine de tulipes (sous-ensemble A) et de trois marguerites (sous ensemble A'). L'enfant énonce lui-même que marguerites et tulipes sont des fleurs.

On lui pose ensuite la question : « Y a-t-il plus de tulipes que de fleurs ou plus de fleurs que de tulipes ? » La réponse donnée par les enfants du **stade opératoire** est celle-ci : « Il y a plus de tulipes que de fleurs. » Pourquoi ? « Parce qu'il reste des marguerites. »

L'enfant n'est pas encore capable de comparer le cardinal de la classe emboîtée à celui de la classe emboîtante. La comparaison n'est possible qu'entre les cardinaux des classes situées au même niveau de la hiérarchie définie par la relation d'emboîtement. Piaget écrit : « Le mécanisme de ce type de réactions est aisé à débrouiller : le sujet centre aisément son attention sur le tout B, à part, ou sur les parties A et A' une fois isolées en pensée, mais la difficulté est que, en centrant (son attention) sur A, il détruit le tout B, de telle sorte que la partie A ne peut plus être comparée qu'à l'autre partie A'. »

B. Les opérations de sériation

Les opérations de sériation hiérarchisant les objets selon certaines de leurs caractéristiques : taille, poids, etc., s'acquièrent en même temps que les classifications. Ces relations d'ordre doivent être transitives. Or, la transitivité n'est pas acquise d'emblée avec la réalisation d'une collection d'objets organisée suivant une suite ordonnée. L'enfant capable de placer correctement par ordre de grandeur 5 baguettes, ne sait comment faire pour insérer une sixième baguette fournie par l'expérimentateur, une fois le classement réalisé. « Il faut que je recommence tout » dit l'enfant. Pourquoi ? « Oui, cette baguette (celle de l'expérimentateur) est plus grande que celle-là (la 3 ᵉ), mais il faut que je vérifie qu'elle est aussi plus grande que celle-là (la 2ᵉ). » La transitivité, une fois acquise au plan matériel, ne fera partie du bagage conceptuel de l'enfant que quelques années plus tard au plan verbal. Les enfants de 10 ans éprouvent quelques difficultés devant le « test » de Burt : « Edith est plus blonde que Suzanne, Suzanne est plus blonde que Lili. Quelle est la plus blonde des trois jeunes filles ? »

Les groupements. Les opérations qui se forment pendant le deuxième stade piagétien sont des opérations logico-arithmétiques (classes, relations, opérations arithmétiques) et spatio-temporelles (géométriques, temporelles, causales, etc.) qui s'organisent en des systèmes d'ensemble, aucune opération ne pouvant exister à l'état isolé, mais seulement par rapport à la totalité des opérations d'un même genre. Piaget appelle « groupements » des structures de classification, de sériation, et d'opérations arithmétiques qui font la transition entre les systèmes d'organisation des actions (les déplacements) du stade sensorimoteur et les systèmes purement logiques du stade formel. Le groupement est défini comme un type de structure gouvernant les rapports des classes d'un système dont le prototype est le schéma arborescent des classes emboîtées. Piaget définit ainsi les opérations de réunion de classes que le groupement autorise :

1° une opération directe portant sur deux classes complémentaires, telles que A et A', B et B', donnant pour résultat une classe emboîtante C ou D.

2° une opération inverse de déboîtement portant sur deux classes emboîtées telles que A et C, pour donner comme résultat la classe complémentaire A'.

3° une opération identique de réunion de la classe vide à une classe quelconque qui n'en est pas modifiée.

4° des opérations spéciales consistant à réunir avec une classe emboîtante, C par exemple, une de ses classes emboîtées, ou la classe C avec elle-même. C + A = C ou C + C = C.

5° l'associativité ne joue que sur des classes contiguës.

Les deux dernières conditions s'avèrent très restrictives et appauvrissent considérablement les qualités du groupement.

En résumé, durant le stade opératoire, on assiste à la reconstruction, au plan représentatif, des structures mises en place pendant la période sensorimotrice.

Au cours de la période pré-opératoire, l'intelligence symbolique se met en place. Elle constitue une période préparatoire à l'accession à la réversibilité opératoire qui s'inscrit dans une durée plus longue en même temps qu'elle apparaît plus complexe en s'appliquant à divers moments et à des contenus différents : substance, poids, volume. Notons enfin que des structures représentatives se substituent progressivement aux organisations « agies ». Alors qu'au stade sensorimoteur, les divers essais de structuration des problèmes aboutissaient à une assimilation égocentrique du sujet et à une accommodation phénoméniste à l'objet, au stade opératoire apparaissent la réversibilité, la transitivité et l'associativité que caractérise la notion de conservation d'un tout et qui sont les conditions mêmes de l'existence du groupement opératoire.

3. Le stade des opérations formelles

Ce dernier stade qui débute avec la pré-adolescence est également appelé le stade hypothético-déductif. Il marque l'achèvement de l'élargissement du champ d'activités et celui du perfectionnement des moyens que ce champ met en œuvre.

Au cours du stade sensorimoteur, la perception a limité l'activité du sujet à la situation présente. L'accession à la pensée opératoire lui a permis de s'échapper du présent immédiat en évoquant des objets absents ou des situations passées. Mais les opérations mentales sont restées limitées à la manipulation du concret.

Avec les opérations formelles, le rapport au monde change de nature. Les opérations mentales ne portent plus sur des éléments classées ou sériés, mais sur des éléments pris à titre de propositions, c'est-à-dire sur des énoncés verbaux susceptibles d'être vrais ou faux. Elles agissent donc à un niveau supérieur à celui des opérations concrètes. Les opérations formelles sont donc des opérations à la seconde puissance. Elles obéissent à une logique dite des propositions, régie par une combinatoire. C'est l'accession à la pensée combinatoire qui change la nature des rapports que l'individu entretient avec le monde qui l'entoure. Le possible n'est plus réduit au réel et à sa perception immédiate ou différée. Leur relation se trouve inversée : le réel ne devient qu'un cas particulier du possible. Deux grandes acquisitions marquent l'accession à la pensée formelle : la combinatoire et la logique des propositions.

A. La combinatoire

Cette acquisition donne à l'enfant la possibilité de construire et d'utiliser selon une méthode systématique toutes les manières possibles de regrouper en sous-ensemble les objets d'une collection. Les différents sous-ensembles ainsi obtenus constituant des classes, on voit en quoi la combinatoire est en fait une généralisation des opérations de classification acquises au stade précédent.

Lors des expériences piagétiennes, on donne à l'enfant des jetons de 4 couleurs différentes et on lui demande de les combiner 2 à 2, de toutes les manières possibles « sans en oublier », les deux jetons devant être de couleur différente. L'enfant qui n'a pas franchi le stade des opérations formelles, produit, par tâtonnement et sans méthode, quelques combinaisons. En revanche, l'enfant qui a atteint ce dernier stade, oppose systématiquement chaque couleur aux trois autres. La combinatoire ne s'applique pas seulement aux objets concrets, mais aussi aux propositions.

B. La logique des propositions

Au stade des opérations concrètes, l'enfant manie déjà des propositions. Il prononce des énoncés qu'il juge vrais ou faux. « La voiture est rouge », « Le cheval court à la vitesse de 100 km/h ». Toute proposition peut être niée : il est faux de dire que la voiture est rouge si elle est bleue. La logique qui s'y rapporte est intrapropositionnelle. La proposition : « le cheval court à 10 km/h » est vraie. Ainsi la proposition initiale change de « valeur de vérité » par suite d'une modification interne de son contenu.

La combinatoire s'appliquant aux propositions comme à tous les objets, deux propositions peuvent être « combinées » entre elles. Les élèves du cours moyen savent qu'il existe des propositions indépendantes reliées par la conjonction « et » et des propositions subordonnées reliées par d'autres connexions à la principale. Ils savent aussi que l'expression formée de deux propositions indépendantes : « Aujourd'hui, c'est jeudi (proposition p) et nous sommes à Paris (proposition q) » n'est vraie qu'à deux conditions :

1° il faut qu'aujourd'hui soit vraiment jeudi ;

2° il faut que nous soyons effectivement à Paris.

Il suffit qu'une seule des deux propositions soit fausse pour que l'expression tout entière le soit à son tour. Formellement, il est donc possible de concevoir la combinatoire suivante :

Propositions	
p	**q**
Vraie	Vraie
Vraie	Fausse
Fausse	Vraie
Fausse	Fausse

Dans le cas de notre exemple, seule la première ligne est vraie. Ce qui peut s'écrire de la façon suivante :

p	**q**	**p et q**
Vraie	Vraie	Vraie
Vraie	Fausse	Fausse
Fausse	Vraie	Fausse
Fausse	Fausse	Fausse

Formellement, la conjonction « et » joue le rôle d'un **opérateur**, c'est-à-dire qu'elle détermine les « valeurs de vérité » qui s'inscrivent dans la troisième colonne du tableau ci-dessus. Un tel tableau porte le nom de « table de vérité ». C'est la table de vérité de la conjonction « et ».

Considérons maintenant l'expression suivante : « Le 14 juillet 2005, je rencontrerai mes amis à Paris ou je serai à Tokyo. » Les deux propositions : « je rencontrerai mes amis à Paris (proposition p) » et « je serai à Tokyo (proposition q) », ne peuvent être vraies toutes deux en même temps. Les deux propositions ne peuvent également être fausses en même temps, puisqu'il est certain que je serai dans l'une ou l'autre ville et non ailleurs. Nous dirons que la disjonction « ou » est ici exclusive ;

elle est représentée par le signe w. La table de vérité de la disjonction « ou » exclusive est donnée ci-dessous :

p	**q**	**p w q**
Vraie	Vraie	Fausse
Vraie	Fausse	Vraie
Fausse	Vraie	Vraie
Fausse	Fausse	Fausse

La troisième colonne de cette table de vérité comporte deux fois la valeur « vraie ». On peut, grâce à la combinatoire et en comptant le nombre de fois qu'elles comportent la valeur « vraie », dresser la liste de toutes les troisièmes colonnes possibles. La 3e colonne peut ne jamais contenir la valeur « vraie » et peut la contenir au maximum 4 fois ; d'où les possibilités suivantes :

Aucune fois : 1 éventualité.
Une fois : 4 éventualités.
Deux fois : 6 éventualités.
Trois fois : 4 éventualités.
Quatre fois : 1 éventualité.

Soit au total, 16 colonnes possibles. Il existe donc 16 opérateurs (on les désigne aussi sous le nom de foncteurs) qui permettent d'associer deux propositions de 16 manières différentes.

Dans la vie quotidienne, dans nos messages verbaux, nous utilisons un certain nombre de ces opérateurs. Parmi ceux-ci, il en est dont l'usage est simple et facile : et, ou. D'autres ne présentent aucun intérêt et ne sont jamais utilisés, ce sont, soit des tautologies, soit des formes dégénérées où le foncteur ne concerne qu'une seule proposition. D'autres enfin, plus complexes mais fort utiles, ne sont correctement utilisés qu'au terme du stade formel et laissent subsister quelques difficultés que tous les adultes ne parviennent pas à surmonter. C'est le cas du foncteur d'implication.

L'implication a, comme la conjonction et la disjonction, un rôle plus fondamental que les autres. Elle exprime la causalité et le conditionnel. « Si un nombre se termine par un zéro, alors il est pair. » ; « Si le temps est beau, alors je ferai une promenade. » « Si... alors... » est le foncteur de l'implication : « S'il pleut, alors les trottoirs sont mouillés. »

Quatre cas peuvent se produire :

Il pleut et les trottoirs sont mouillés. Cette expression est vraie.

Il pleut et les trottoirs ne sont pas mouillés. Cette expression est fausse.

Il ne pleut pas et les trottoirs sont mouillés. Cette expression peut être vraie après le passage de l'arroseuse municipale.

Il ne pleut pas et les trottoirs ne sont pas mouillés. Cette expression est vraie.

Nous pouvons donc dresser la table de vérité de l'implication :

p	q	p implique q
Vraie	Vraie	Vraie
Vraie	Fausse	Fausse
Fausse	Vraie	Vraie
Fausse	Fausse	Vraie

Nous retrouvons à travers le foncteur d'implication, la formulation des théorèmes de mathématiques tels que : « Si le quadrilatère ABCD est un carré, alors ce quadrilatère est un losange (quadrilatère ayant 4 cotés égaux). » Il suffit de savoir que le quadrilatère est un carré, pour qu'on puisse en déduire que nous sommes en présence d'un losange.

Certains théorèmes possèdent une réciproque. C'est l'implication inverse : q implique p. Dans le cas présent, on vérifie aisément qu'elle n'est pas exacte. « Si un quadrilatère est un losange, alors il n'est pas forcément un carré ». On peut dire aussi : « il n'est pas nécessaire que le quadrilatère soit un carré pour qu'il soit un losange. »

Il est cependant des cas où le théorème direct admet une réciproque et où, de ce fait, la condition nécessaire est aussi suffisante. C'est le cas du théorème : « Si le triangle est isocèle, alors les angles à la base sont égaux. » Dans ce cas, p implique q et q implique p ; on dit que l'implication est réciproque ou encore qu'il y a équivalence entre p et q.

Condition nécessaire, condition suffisante, condition nécessaire et suffisante, sont aisément confondues et sont autant de difficultés que rencontre l'enfant lors de ses premiers pas en mathématiques. Pour surmonter ces difficultés, il faut absolument qu'il maîtrise le fonctionnement de l'opérateur de l'implication.

Afin d'étudier l'acquisition et la maîtrise de ce foncteur, Piaget place un enfant devant le circuit d'un train électrique. Ce circuit comprend une gare et un feu qui peut être rouge ou vert. On demande à l'enfant d'expliciter les raisons qui conduisent le train à s'arrêter. Le train s'arrête ou non à la gare, sans doute selon la volonté de celui qui « commande » le train. L'enfant ne peut donner la loi qui régit ces arrêts. En revanche, il découvre une loi inexorable : « Si le feu est rouge, alors le train s'arrête. » L'enfant qui découvre cette loi éprouve quelques difficultés à l'expliciter. Pressé par l'adulte, il exprime ainsi sa « découverte » : on ne voit jamais de cas dans lesquels le feu est rouge et dans lesquels le train ne s'arrête pas. L'implication a été traduite par la négation (il n'y a pas de cas) de la conjonction des deux propositions : le feu est rouge ; le train ne s'arrête pas. L'enfant, à son insu, vient d'effectuer un calcul propositionnel : il a réduit l'implication à une conjonction.

L'expression : « Si le feu est rouge, alors le train s'arrête. », est devenue l'expression : « Il est faux de dire : le feu est rouge et le train ne s'arrête pas. » Nous invitons le lecteur à vérifier lui-même, à l'aide d'une table de vérité l'équivalence logique de ces deux expressions. Chaque jour et plusieurs fois par jour, nous faisons tous du calcul propositionnel. Nous transformons certaines expressions logiques difficiles en expressions logiques plus simples et plus particulièrement en expressions logiques conjonctives. L'ensemble de ces transformations constitue le groupe I.N.R.C. Cette algèbre interne que nous utilisons à notre insu et que Piaget, lors d'une conférence prononcée devant la Société américaine de psychanalyse, a qualifiée d'inconscient cognitif, est le fruit des acquisitions du stade formel. À notre insu, en contrôlant notre langage, en faisant l'effort de comprendre ce que nous dit notre interlocuteur, nous faisons référence aux tables de vérité.

Pour l'adolescent du stade formel, il ne s'agit plus seulement d'appliquer des opérations sur des objets, mais plutôt de remplacer ces derniers par des hypothèses et des propositions et de leur appliquer de nouvelles opérations qui sont en vérité des opérations qui se superposent à celles du niveau concret, des opérations sur des opérations. Il y a alors constitution d'une logique des propositions, ces propositions représentant elles-mêmes des systèmes de classifications, de sériations, etc. « C'est, écrit Piaget, à ce dernier niveau seulement que les implications, jusque-là incomplètes acquièrent la signification stricte et complète qu'elles présentent dans la logique des propositions. »

Nous avons esquissé rapidement les périodes du développement cognitif en mettant l'accent sur la nature des différents paliers d'équilibre auxquels aboutissent les structures cognitives qui, en fonctionnant se transforment. Le principal objectif de la psychologie génétique a été de mettre en évidence les structures internes du sujet, c'est-à-dire les différents niveaux de traitement définissant les stades successifs du développement. Ces systèmes de traitements sont les déterminants des conduites, ils caractérisent ce qu'on peut appeler les niveaux de résolution des différents ensembles de problèmes. Les ensembles de problèmes résultent de la confrontation du sujet avec les phénomènes naturels. De cette succession de stades, émerge un fait général : le déploiement de la part du sujet d'une certaine activité vis-à-vis de son environnement avec les interactions qui en découlent. Cette activité est une activité adaptative qui consiste à évoluer au moyen d'assimilations successives (intégration de ce qui est nouveau dans des schèmes déjà acquis) et d'accommodations (des perturbations venant de l'extérieur étant compensées par les actions du sujet). Ce sont ces deux processus d'intégration assimilatrice et de compensation accommodatrice qui sont continuellement présents dans le développement de l'activité cognitive de l'enfant.

Nous ne pouvons terminer ce chapitre consacré au développement cognitif du système-sujet, sans souligner l'importance primordiale qu'attribue Piaget aux influences actives et réciproques existant entre le sujet et le monde extérieur. « L'objet est toujours connu à travers le sujet, qu'il s'agisse de l'action ou de la pensée égocentrique des débuts ou de la coordination des actions et de la déduction opératoire décentrée au fur et à mesure de l'organisation des schèmes pratiques ou intellectuels. » Mais il y a, par ailleurs, « construction d'un univers interne, c'est-à-dire la connaissance que le sujet a de lui-même [...]. Le sujet se découvre ou précisément se construit à travers la connaissance qu'il a des objets, comme il élabore les objets par l'intermédiaire de son activité pratique ou opératoire. Il n'y a pas d'expérience interne immédiate, pas plus qu'il n'y a d'expérience externe directe. Le moi ne se connaît, ou, pour mieux dire, ne s'élabore qu'au moyen des schèmes qu'il construit en fonction des objets extérieurs » (Piaget, 1950).

Cette citation nous permettra de mieux comprendre et d'expliquer les processus de construction du concept de soi.

11

Le développement de la sphère intellectuelle : la perspective psychométrique

On se souvient qu'Alfred Binet et Théodore Simon, en construisant leur échelle métrique d'intelligence, aux alentours de 1905, se proposaient de discerner les enfants « normalement intelligents » des enfants atteints d'une arriération mentale exigeant une pédagogie spéciale, voire une hospitalisation. La construction de cette échelle métrique est considérée, par les historiens de la psychologie, comme marquant l'origine de la testologie.

1. L'échelle métrique d'intelligence (Binet-Simon)

Le premier test est donc un test d'intelligence. Il s'agit d'une série de petits problèmes que l'enfant doit résoudre à l'aide d'un raisonnement logique et faisant abstraction, autant que faire se peut, des connaissances scolaires. Binet et Simon découvrent alors que les questions qui permettent de bien distinguer les enfants retardés des enfants dits normaux, donnent également le moyen de discriminer ces derniers en fonction de leur âge chronologique. L'échelle métrique est donc une épreuve qui sert à apprécier le niveau de développement intellectuel atteint par un enfant. Ce niveau de développement intellectuel est évalué à l'aide d'un concept nouveau : l'**âge mental**. Un enfant retardé de 10 ans qui obtient à l'échelle métrique une performance identique à celle d'un enfant « normal » de 6 ans, est déclaré avoir un âge mental de 6 ans.

Le contenu des questions (ou items) du Binet-Simon et la manière dont elles sont sélectionnées traduisent une démarche pragmatique et totalement empirique. Pragmatique, parce que les questions posées sont très éclectiques et font référence à de multiples aspects de la vie quotidienne : nommer des couleurs, rendre la monnaie, donner la date du jour, etc. Binet pensait en effet que l'intelligence est une caractéristique globale de la conduite, susceptible de se manifester dans une grande variété d'activités. Certaines questions sont très caractéristiques de l'univers culturel du début du xxe siècle et paraissent aujourd'hui non seulement surannées et inadaptées à la culture contemporaine, mais de surcroît, profondément morbides. Voici un item extrait du Binet-Simon et sur ce point, fort caractéristique : « On a vu entrer chez mon voisin, successivement un médecin, un notaire et un prêtre. Que se passe-t-il chez mon voisin ? » Le caractère empirique de la démarche se traduit par la façon dont un item est retenu comme étant représentatif d'un âge mental. Par exemple, un item représentatif d'un âge mental de 5 ans est un item qui, présenté à des enfants de 4 ans, donne lieu à un échec dans la grande majorité des cas, qui se solde par une réussite dans la plupart des cas lorsqu'il est présenté à des enfants de 6 ans, et, enfin, qui a un taux de réussite voisin de 50 % parmi les enfants de 5 ans.

L'âge mental n'est pas déterminé par la réussite à un seul item représentatif d'un âge donné, mais à partir de l'ensemble des items réussis. À titre d'exemple, si 4 items ont été retenus comme étant significatifs d'un âge mental de 4 ans, l'enfant se voit crédité de 3 mois pour chaque item réussi ; et son âge mental s'obtient par sommation de tous ses crédits. Notons, dès à présent, que l'échelle de Binet comme toutes les épreuves censées mesurer la croissance mentale ne permet pas de déterminer un âge mental supérieur ou égal à 13 ans. Cette manière d'évaluer le développement intellectuel de l'enfant au moyen d'un simple ordonnancement des items en fonction de l'âge peut, aujourd'hui, nous paraître quelque peu sommaire. Elle a eu cependant le grand mérite d'introduire, il y a cent ans, le concept de mesure en psychologie.

Quelques années après, W. Stern a proposé d'exprimer le retard ou l'avance d'un enfant dans son développement intellectuel, non plus par une différence entre son âge réel et son âge mental, mais par le rapport entre son âge mental et son âge chronologique (multiplié par 100 pour éviter les décimales). Stern appela ce rapport, le **quotient intellectuel**.

De très nombreuses adaptations et révisions de l'échelle métrique ont rapidement vu le jour. Nous citerons d'abord, celle de Terman à l'université de Stanford aux États-Unis connue sous le nom de Binet-Stanford. Nous citerons ensuite une version profondément remaniée, élaborée par Terman et Merril. Cette dernière version qui n'a plus que de lointains rapports avec l'épreuve originale, a été traduite par la suite en français et ré-étalonnée sur une population française. Elle a pendant longtemps été utilisée, et l'est encore aujourd'hui dans les pays francophones. Nous ferons enfin une place de choix à la révision, plus récente, réalisée en France par R. Zazzo, M. Gilly et M. Verba-Rad. Cette échelle publiée sous le nom de Nouvelle échelle métrique d'intelligence (N.E.M.I) est de nos jours, un instrument extrêmement précieux tant en pédopsychiatrie qu'en psychologie scolaire.

Le pragmatisme et l'empirisme qui ont présidé à la construction de l'épreuve de Binet et Simon a permis à certains d'affirmer que Binet n'avait de l'intelligence qu'une définition opérationnelle illustrée par sa célèbre formule : « L'intelligence, c'est ce que mesure mon test. » On a souvent retenu cette formule, sans aller voir quelles étaient les conceptions de l'intelligence chez Binet et chez le docteur Simon à travers la lecture de leur article paru en 1908, dans *l'Année Psychologique*, « Le développement de l'intelligence chez les enfants ». On trouve, non sans surprise, sous leur plume, que l'intelligence est « la capacité à adapter son comportement pour atteindre le but poursuivi et à faire la critique de sa propre démarche ». La variable mesurée par son test peut être décomposée de la sorte en trois composantes : invention, direction, censure. Les conceptions de Binet sur l'évaluation de l'intelligence ont été adoptées aux États-Unis par D. Wechsler, auteur de plusieurs échelles d'intelligence que nous allons présenter maintenant.

2. Les échelles de Wechsler

D. Wechsler, psychologue à la consultation d'adultes à l'hôpital de Bellevue, un hôpital psychiatrique new-yorkais, trouvait le Stanford-Binet mal adapté à l'évaluation de la population adulte qui se présentait dans son service. Il a donc décidé de construire une échelle pour adultes dont les premières versions furent à plusieurs reprises remaniées et dont la forme définitive a été publiée, en 1955, sous le nom de *Wechsler Adult Intelligence Scale* (W.A.I.S.). Parallèlement, il publiait dès 1949 une échelle pour enfants, la *Wechsler Intelligence Scale for Children* (W.I.S.C.), construite sur le même principe que l'échelle pour adultes. Une version révisée de la WISC, la WISC-R, spécialement adaptée à la population des enfants de 6 à 16 ans a été mise au point et publiée en 1974 et une troisième version, le WISC III, a été publiée en 1996. Une version adaptée aux enfants d'âge pré-scolaire a été construite et publiée sous le nom de *Wechsler Preschool and Primary Intelligence Scale*. Toutes ces échelles sont adaptées dans notre langue et étalonnées à partir des réponses fournies par différents groupes de sujets appartenant à la population française.

Wechsler a une conception de l'intelligence sensiblement voisine de celle de Binet. Son approche est avant tout pragmatique. C'est ainsi qu'il définit, dans son ouvrage, *La mesure de l'intelligence de l'adulte*, « ce que mesure son test » comme la capacité à agir dans un but déterminé, à penser d'une manière rationnelle, à avoir des relations utiles avec son environnement.

Deux innovations importantes distinguent les épreuves de Wechsler de celle de Binet : la manière de déterminer le Q.I. et l'existence de deux échelles distinctes permettant de déterminer un Q.I. verbal et un Q.I. non-verbal.

Wechsler, motivé par le désir de mesurer le Q.I. de ses patients adultes, abandonne le concept d'âge mental dont l'évaluation, nous l'avons vu, est impossible au-delà de 13 ans avec le Binet-Simon et au-delà de 16 ans avec le Stanford-Binet.

Le nombre d'items réussis dans chacune des échelles par chacun des sujets, permet de déterminer un score verbal, un score non verbal et un score global obtenu par sommation des deux précédents. Ces scores sont appelés les scores bruts. On établit la distribution des scores obtenus par l'ensemble des individus appartenant à un échantillon représentatif de la population d'un âge donné. Au moyen d'une technique statistique simple, pour chaque groupe d'âge de l'échantillon de référence, on normalise la distribution des scores bruts, puis on transforme la variable des scores bruts en une variable de moyenne 100 et d'écart type 15. Cette nouvelle variable porte le nom de Q.I. Wechsler s'est par ailleurs inspiré des deux tests utilisés pendant la Première Guerre mondiale pour évaluer l'intelligence des soldats américains : *l'Army alpha* destiné aux recrues sachant lire et écrire et *l'Army beta*, version non verbale destinée aux analphabètes et aux étrangers. Il a composé toutes ses échelles de façon telle qu'elles permettent de distinguer les aspects verbaux et les aspects non-verbaux de l'intelligence. Notons, dès à présent, que cette distinction permettra par la suite à Wechsler d'introduire le concept de *scatter*, notion extrêmement précieuse en psychopathologie et en psychiatrie. Il avait remarqué que les sous-tests de nature verbale ont, dans leur ensemble des performances qui ne se détériorent pas avec l'âge, alors que les sous-tests non-verbaux donnent des résultats qui décroissent avec l'âge. Ainsi, en comparant la différence observée, chez un patient, entre les tests qui « tiennent » avec l'âge et les tests qui ne « tiennent pas », à la différence moyenne obtenue sur des sujets ne présentant aucun trouble particulier, le clinicien pourra suspecter une détérioration mentale d'origine pathologique.

Toutes les échelles proposées par Wechsler sont donc composées de sous-tests verbaux et de sous-tests non-verbaux, permettant de déterminer trois Q.I. : un Q.I. verbal, un Q.I. non-verbal ou de « performance » et un Q.I. total.

À titre d'exemple, la plus récente échelle de Wechsler pour enfants, la W.I.S.C. III, comprend dix sous-tests, cinq pour l'échelle verbale et cinq pour l'échelle de performance. Trois sous-tests supplémentaires peuvent être utilisés de façon facultative.

3. Le K-ABC

Le K-ABC ou *Kaufman-Assesment Battery for Children*, est une batterie de tests conçue pour les enfants âgés de 2 ans et demi à 12 ans. D'origine américaine, elle a été adaptée en France en 1993.

Elle diffère des épreuves de Binet et de celles de Wechsler en ce sens qu'elle se propose d'évaluer non plus des domaines de contenu, mais deux grands processus mentaux : le traitement simultané et le traitement séquentiel de l'information. A.S. Kaufman et N.L. Kaufman (1993), pour construire leur épreuve se sont inspirés des travaux des neuropsychologues qui ont mis en évidence, d'une part, le traitement successif et le traitement séquentiel de l'information, et d'autre part, une spécialisation de l'hémisphère gauche dans les processus analytiques et de l'hémisphère droit dans les processus globaux de traitement de l'information.

De ce fait, l'échelle K-ABC permet d'évaluer l'efficience des enfants suivant les processus simultanés et suivant les processus séquentiels. Les épreuves évaluant les processus simultanés portent essentiellement sur des contenus visuo-spatiaux et ressemblent quelque peu aux épreuves de performance de la WISC. Les épreuves permettant d'éprouver les processus séquentiels peuvent être considérées comme des épreuves de mémoire de travail portant sur des nombres, des mots ou des mouvements.

12

Le développement de la personnalité

Le développement général de la personnalité chez l'enfant peut aisément s'inscrire dans la perspective psychanalytique. Concernant les « pulsions » élémentaires qui gouvernent la vie sensuelle et affective de l'enfant, Freud a construit sa propre théorie développementale. Il a émis l'hypothèse qu'une énergie instinctuelle existait dès l'origine et que la sexualité génitale adulte n'en était que l'expression achevée.

Après une brève période narcissique, il distingue trois stades du développement libidinal : le **stade oral**, le **stade anal** et le **stade phallique**. À partir de 6-7 ans, les pulsions partielles correspondant aux différents stades infantiles connaissent normalement une période de latence à la faveur de laquelle des intérêts intellectuels, sociaux, culturels peuvent se développer. La psychologie populaire a qualifié cette période de latence d'« âge de raison » après laquelle les pulsions pousseront l'offensive violente et décisive de la puberté. Nous allons exposer plus précisément chacune des étapes du développement libidinal.

Les diverses pulsions ne se développent pas isolément. Les conduites d'attachement et de recherche de plaisir s'organisent en systèmes qui vont conduire l'enfant, d'étape en étape, à la génitalité adulte.

1. Les étapes du développement libidinal

La période narcissique est une période qui correspond aux premières semaines de la vie extra-utérine. À la naissance, le nourrisson éprouve une alternance d'états de tension et d'états de quiétude dont on ne peut attribuer la cause à une quelconque relation avec des objets extérieurs. R.A. Spitz (1958) explique la quiétude du nouveau-né par le niveau élevé de son seuil de perception. Seuls les stimuli dépassant en intensité la valeur liminaire sont perçus. L'enfant troublé dans sa quiétude réagit par du déplaisir. Cette alternance plaisir-déplaisir est rythmée par les besoins internes et les interventions de la mère qui répond aux pleurs de l'enfant, signes manifestes d'une sensation de malaise, sans que celui-ci ait le moindre rôle actif. Freud qualifie cette période de narcissique. Narcissique parce qu'il est lui-même et pour lui-même la seule source de plaisir. Sa vie pulsionnelle l'incite à des expériences autoérotiques, les pulsions sexuelles ne trouvant pas d'objet. L'alternance des états de plaisir et de déplaisir le conduit progressivement à focaliser ses investissements sur un objet particulier.

Le stade oral. Le stade oral, que certains auteurs francophones appellent stade buccal, est une étape du développement libidinal, il couvre la période qui va de quelques semaines après la naissance à la deuxième année. C'est la période où le siège de la volupté se situe au niveau de la bouche : le suçage. La sensibilité de la zone buccale est très développée chez le nourrisson. Le seul fait de poser l'extrémité d'un crayon sur les lèvres du bébé déclenche un mouvement de succion et une expression de plaisir. Le stade buccal est aussi la période au cours de laquelle les soins alimentaires dominent les relations avec la mère. Les échanges affectifs sont entièrement subordonnés aux tensions et aux plaisirs qui résultent des besoins alimentaires et de leur satisfaction. D. Widlöcher (1973) rappelle les propos de Wallon (1949) qui décrit ainsi le comportement du nouveau-né : « Quand le nouveau-né ne dort pas, il tète à moins qu'il ne crie. S'il ne tète pas, il digère et quand la faim revient, il crie. Ainsi les fonctions de nutrition tiennent dans son comportement une place au moins égale au sommeil. » La bouche et la fonction alimentaire jouent donc, dans les thèses de Wallon comme dans celles des psychanalystes, un rôle capital dans l'affectivité de l'enfant au cours de sa première année. Comme on fait, en général, coïncider la fin de l'oralité avec le sevrage, on considère la persistance de « pulsions orales » au-delà de la première année, comme des vestiges de l'érotisme buccal. Le sein a été jusqu'alors l'instrument de la satisfaction de la libido. Si le bébé en est privé, il recourt à des plaisirs de remplacement. C'est en particulier le cas de la succion du pouce qui s'observe chez de nombreux enfants lors de conduites régressives. Elle devient quelquefois une habitude figée, un véritable acte symptomatique chez des enfants privés d'affection et de soins maternels. Certaines pulsions orales liées aux conduites alimentaires subsistent parfois de manière tenace. Des conflits avec la mère, la jalousie à l'égard d'un puîné se manifestent parfois par une voracité excessive, et plus souvent encore, par une forte anorexie. Plus tard, au moment de la crise pubertaire, l'adolescent voit dans certaines conduites alimentaires un moyen d'exprimer son opposition, ou dans d'autres cas, un moyen de recherche de compensation face à des situations difficiles. Au cours du stade oral, la fusion de l'enfant et de sa mère est d'une telle intensité qu'il ne peut y avoir de prise de conscience du moi ni de l'objet. L'enfant est incapable d'amour objectal ; pour lui, l'amour se confond avec les besoins assurant son existence. Les traits « oraux » du caractère subsistent au-delà de la petite enfance. Certains auteurs ont élaboré une théorie du caractère basée sur la dynamique des pulsions libidinales. « L'idée maîtresse de cette théorie est que le caractère dépend à la fois du type de relation que les pulsions établissent avec l'objet aimé et des mécanismes de défense que l'organisme développe contre ces pulsions. » (Widlocher, 1973) À chaque stade correspond une organisation des pulsions en relation avec l'objet. Cependant, à chaque stade, subsistent des vestiges de relation correspondant aux stades antérieurs et aux mécanismes de défense qui ont permis leur dépassement. On parlera donc, chez l'adulte, de caractère oral pour décrire des organisations achevées du caractère où dominent les caractéristiques du stade oral. L'oralité du caractère adulte se traduit soit sous la forme d'un caractère optimiste, soit sous la forme d'un caractère avide. L'optimiste accorde une confiance absolue dans l'avenir, alors que le sujet au caractère avide se distingue par un sentiment profond d'insatisfaction permanente.

Le stade anal. Vers la fin de la première année, la priorité affective passe de la bouche à l'autre extrémité du tube digestif : ce second stade libidinal s'étend sur une période allant du début de la deuxième à la fin de la troisième année. Entre 14 et 18 mois, l'évacuation sphinctérienne devient une fonction active qui va progressivement être commandée par un système de contrôle volontaire. Les pulsions partielles s'organisent sous le primat de sensibilité de la zone anale. Les psychophysiologistes considèrent qu'il n'y a probablement pas de localisation de caractère érogène dans cette région, mais que la stimulation hédonistique serait provoquée par l'apprentissage de la propreté. Il est certain que l'éducation à la propreté suscite l'intérêt de l'enfant sur le fonctionnement de la défécation. C'est le moment où l'enfant témoigne un vif intérêt pour ses matières fécales. On parle alors d'« activité d'extériorisation » et, en quelque sorte, de création : l'enfant est fier de ses selles. À travers elles, il affirme sa volonté de puissance. Soutenu par les congratulations de la mère et la satisfaction de ne pas se salir, il éprouve du plaisir « à se retenir ». Les relations avec la mère sont subordonnées aux contraintes liées à l'éducation à la propreté. L'interdiction de jouer avec ses selles oblige l'enfant à un renoncement. C'est donc une nouvelle forme de relation d'objet, un nouveau style de rapport avec la mère qui commence : l'enfant se soumet à sa mère pour être aimé d'elle. En revanche, il est indéniable que ce renoncement est aussi la conquête d'un certain pouvoir dominateur. L'acquisition du « non » implique l'identification au geste interdicteur d'autrui. Se soumettre au non d'autrui pour conserver son affection, s'opposer à ce même non pour exercer son pouvoir dominateur, sont deux tendances contradictoires qui donnent à la relation d'objet, aux rapports avec la mère, une double polarité. Un double plaisir est recherché auprès de la mère : plaisir de s'opposer, plaisir de se soumettre. Il arrive que l'enfant réagisse aux interdits sphinctériens par certaines formes complexes d'agressivité, qu'il montre de l'obstination dans le désir de se salir ou dans des pulsions destructrices, le sadisme devenant une forme complexe d'affirmation de soi. Ces réactions ont conduit Freud à parler de stade sadique-anal. On comprend pourquoi cette période peut être l'occasion de nombreux troubles dans lesquels les parents ont leur part de responsabilité. Certaines déviations peuvent tenir à une fixation de l'enfant à des « plaisirs d'organe » qui peuvent l'isoler au point de le désocialiser. Une éducation trop rigoureuse à la propreté peut éveiller chez l'enfant un sentiment de culpabilité, l'inciter à réagir à la fois par de l'angoisse et par de l'agressivité qui constituent le terreau du sadisme : le sadique est un protestataire qui désire surcompenser par une brimade. L'éducation à la propreté donne à l'enfant le sens de l'objet pris hors de son corps. Bien conduite, elle permet le transfert des tendances sadiques-anales sur des substituts des excréments. Comme l'enfant ne peut renoncer à un plaisir que par un plaisir, la période anale est celle du barbotage dans l'eau et dans la boue. Plus tard, comme le note Widlocher, « des conduites ou des fantaisies anales s'insèrent très directement dans les conduites sexuelles. Des jeux autour de la défécation, un voyeurisme et exhibitionnisme anal, des propos, des dessins ou des gestes scatologiques tiennent lieu, chez le grand enfant ou le jeune adolescent, de comportement érotique, solitaire ou partagé. Des propos grossiers pourront être considérés comme offensants, ou manquer leur but, alors que dans l'esprit du jeune garçon, ils répondent à une intention de séduction simplement grivoise. L'identification entre scatologique et sexuel précède souvent l'éclosion des tendances génitales pubères ».

Les traits « anaux » du caractère, comme les traits « oraux », peuvent subsister chez l'adolescent comme chez l'adulte. Les traits essentiels du caractère anal qui persistent à l'âge adulte sont : la manie de l'ordre, la parcimonie, l'entêtement. Ces trois caractéristiques ont fréquemment été observées comme étant associées chez des sujets souffrant d'une psychopathologie obsessionnelle (Delay, Pichot et Perse, 1962). La manie de l'ordre se manifeste par le goût excessif du rangement, le souci de la propreté, la minutie, la tendance au classement ou le collectionnisme. La parcimonie atteint quelquefois une intensité voisine à celle de l'avarice ; elle se traduit, à un degré moins sensible, par le désir de posséder, par une comptabilité minutieuse de ce qui vous est dû. L'entêtement se voit dans l'attachement à des opinions sans fondement rationnel ou à une attitude critique et systématique à l'égard d'autrui.

Le stade phallique. Le stade phallique, appelé par certains psychanalystes le stade génital infantile, débute aux alentours de la troisième année et se prolonge jusqu'à la septième année. Au cours de ce stade, la zone d'excitation privilégiée se déplace sur les organes génitaux, en même temps que se développent des sentiments d'amour et de jalousie caractéristiques du « complexe d'Œdipe ». Certains auteurs voient dans la phase œdipienne, la première tragédie sentimentale. Elle fournirait le canevas de toutes les tragédies de la vie adulte qui, chacune à leur manière, sont toutes des « tragédies triangulaires ». L'enfant constate la différence anatomique des sexes et s'interroge sur l'origine des enfants. La différence des sexes que seule la présence ou l'absence de pénis permet d'établir, angoisse le garçon : il a peur d'être privé de cet organe que d'autres ne possèdent pas et qu'ils ont peut-être perdu. D'où une angoisse de castration qui va présider à la vie affective du garçon pendant ce stade. Chez la fille, l'absence de pénis est vécue comme une blessure narcissique. Toute humiliation, sanction ou frustration peut engendrer un sentiment d'infériorité et susciter une angoisse qui constitue la forme féminine de l'angoisse de castration. Le stade phallique inaugure de nouveaux rapports de l'enfant avec son corps ; il donne naissance à l'image d'un corps sexuellement différencié et va générer un nouveau type de relation d'objet. La tragédie triangulaire de la phase œdipienne se substitue à la relation duelle antérieure avec la mère. Le garçon s'identifie au père pour maintenir un lien d'amour privilégié avec la mère. Sous la forme sommaire suivant laquelle Freud lui-même l'a schématisé, le **complexe d'Œdipe** se résume en deux tendances connexes d'amour pour le parent du sexe opposé et d'hostilité pour le parent du même sexe. Il faut cependant relever qu'au dessous de l'« Œdipe normal », apparaît souvent un « Œdipe renversé » : c'est-à-dire, chez le garçon, des périodes d'amour pour le père et d'hostilité envers la mère ; chez la fille, des périodes d'amour pour la mère et d'hostilité pour le père. Cela n'est pas pour étonner le psychologue ayant quelque expérience de la psychologie infantile. On découvre facilement chez le jeune enfant, sans nul souci de logique, des réactions affectives contraires. L'Œdipe normal se présente néanmoins avec plus d'évidence et de fréquence que l'Œdipe renversé. La situation complète peut donc se résumer par les formules suivantes :

1) Dans le moment où l'enfant – garçon ou fille – aime son père, il tend à voir dans sa mère une rivale ; dans le moment où il aime sa mère, il tend à voir son père comme un rival.

2) L'amour pour la mère avec hostilité au père est beaucoup plus fréquent chez le garçon ; l'amour pour le père avec hostilité envers la mère est plus fréquent chez la fille. Dans cette analyse des sentiments filiaux, l'école de C. G. Jung fait observer qu'outre les personnages du père et de la mère réels, il faut considérer l'existence d'« archétypes » du père et de la mère, c'est-à-dire de figures purement mythiques, issues de l'inconscient collectif. Ces figures mythiques, en certaines circonstances, peuvent être projetées par l'enfant sur le père ou la mère réels, donnant lieu aux déformations les plus fantastiques. Lorsque l'enfant dans ses dessins, dans ses récits imaginaires, représente ses parents sous

la figure de rois et reines, de dieux ou de démons, c'est le mythe qui se manifeste.

Avec le complexe d'Œdipe culmine et s'achève la phase infantile de la vie sexuelle. La manière dont la crise est surmontée, joue un rôle fondamental dans l'évolution ultérieure de la personnalité. La liquidation de la situation œdipienne s'opère par un processus d'identification aux parents intéressés. Par l'identification au père, le garçon sort des difficultés de la situation triangulaire. Le problème est pour lui d'admette une nouvelle frustration, d'accepter un nouveau renoncement, de prendre son parti d'un partage de la mère et de réaliser ainsi un nouveau détachement. Il l'aura réussi quand il surmontera la jalousie et la crainte du père. L'identification au père suppose que l'admiration a été plus forte que l'hostilité et que le père a pu passer de la situation de rival détesté à celle de modèle admiré. La résolution de l'œdipe n'est complète que lorsque l'enfant recherche hors de la famille la réalisation de l'idéal œdipien. Cependant, il n'est pas rare que la liquidation de l'Œdipe s'opère mal. C'est le cas du garçon qui demeure exagérément attaché à sa mère sur un mode œdipien (sensuel et exclusif). Il s'intègre mal au milieu scolaire et, devenu adulte, il sera le « vieux garçon » qui n'a pu se détacher du joug d'une mère abusive pour mener une vie affective autonome. Certaines difficultés d'identification au parent du même sexe se soldent quelquefois par un blocage affectif générateur de troubles graves. C'est le cas du petit Hans cité par Freud. Hans était un garçon de 5 ans qui souffrait d'une véritable phobie des chevaux. Il hésitait à sortir dans la rue et craignait de voir un cheval se cacher dans sa chambre et le mordre. L'examen de l'enfant montra qu'il avait déplacé sur le cheval une partie des sentiments de crainte éprouvés vis-à-vis du père, suite à une identification mal faite. Afin d'éviter un sentiment de culpabilité, il avait inconsciemment transféré sur le cheval ses sentiments de jalousie et de crainte. Chez la fille, une fixation trop tenace au père et une grande difficulté de s'identifier à la mère, peuvent apporter une gêne considérable à l'évolution affective normale. Les traits de caractère liés à la problématique phallique tels que l'ambition, la rivalité, l'agressivité conquérante et la jalousie pourraient trouver leur origine dans une fixation exagérée à ce stade.

Au terme de cet exposé consacré aux trois stades du développement libidinal, rappelons que certains psychanalystes distinguent dans chaque stade principal des stades secondaires. On a pu ainsi situer entre le stade oral et le stade anal, une phase dentaire, tandis que la transition entre le stade anal et le stade phallique serait marquée par une phase urétrale et une phase phallique-narcissique d'excitation superficielle qui se traduit par des tendances à l'exhibition. Françoise Dolto situe après le stade buccal deux phases « musculo-excrémentielles », à savoir un stade accaparateur sadique-anal et un stade ambitieux sado-phallique urétral. Quoi qu'il en soit, à partir de 6-7 ans environ, les pulsions partielles connaissent une période de latence.

2. La période de latence

Pendant cette période, on observe chez le garçon une suspension presque complète des intérêts sexuels. On observe un déplacement des intérêts vers des buts nouveaux chargés de valeur sociale, une sublimation des pulsions sexuelles infantiles qui confèrent à l'organisation psychique du garçon une grande souplesse, une tendance plus forte à la créativité. Chez la fille, les caractéristiques de la période de latence sont moins marquées. Un attachement à la mère dont l'origine remonte aux toutes premières années, demeure parallèle à l'attachement au père et accentue la complexité des liens affectifs qui la lient à ses parents.

Pour Widlöcher, « on peut envisager, d'un point de vue plus général, l'incidence du conflit œdipien sur l'organisation de la personnalité. Les identifications auxquelles il contribue concourent à la formation du moi, et celle du surmoi semble liée à la résolution du conflit ». Ainsi, c'est la structure même de la personnalité, sa différenciation, qui dépendrait de l'achèvement du développement des relations d'objet infantiles.

3. L'adolescence

De grandes transformations s'opèrent au cours de l'adolescence. La puberté avec la mise en place des fonctions génitales, les caractères sexuels secondaires et la poussée de croissance qui les accompagnent, modifie la perception de son propre corps aussi bien chez le garçon que chez la fille. C'est la période de « l'âge ingrat » pendant lequel l'adolescent n'est pas à l'aise dans un corps devenu trop grand pour lui et qu'il doit apprendre à posséder à nouveau.

L'adolescence, c'est aussi l'accession à la pensée hypothético-déductive qui permet, entre autres, de concevoir le réel comme un cas particulier du possible. L'adolescent va user et abuser de ce nouvel instrument de pensée : il cherchera, hors du présent et hors de la perception immédiate du réel, d'autres éventualités, d'autres solutions à ses difficultés, aux problèmes auxquels il se heurte. L'adolescence, c'est le moment où tous les jeunes éprouvent, avec plus ou moins d'intensité, le désir de détruire le monde des adultes et d'en construire un conforme à leurs désirs. L'adolescence, c'est aussi le moment où l'on se « cherche », c'est la période où tout jeune est en quête de son identité. L'adolescence, c'est enfin le moment des choix, choix des valeurs qui donneront un sens aigu à la vie entière, choix des études en vue d'un choix professionnel, choix du partenaire vers lequel se dirigeront les premiers désirs et les premiers soupirs amoureux. Bref, l'adolescence est une période de crise qui va remettre en question les acquisitions antérieures et désorganiser les équilibres affectifs difficilement aménagés. C'est une crise du « moi » au cours de laquelle la libido redevient charnelle et captative.

Après une période de reflux égocentrique, caractérisée par une reviviscence du complexe d'Œdipe, les exigences des pulsions procréatrices et la recherche du partenaire vont faire sortir le sujet de la contemplation de soi-même. Il connaît, pour la première fois, la satisfaction du don de soi.

Au cours de la phase d'opposition, le changement d'orientation des tropismes s'exprime au travers de ses sentiments et de ses comportements ambivalents. De grandes oscillations affectives font alterner amour et haine, adhésion et refus. L'adolescent, en proie à cette grande fluidité du comportement et de l'humeur, montre vis-à-vis de sa famille des réactions qui peuvent aller jusqu'à la révolte, jusqu'aux explosions d'un amour qui cherche refuge et protection devant des situations affectives sans précédent.

Au cours de la crise, la famille est le lieu qui exaspère le plus l'adolescent. André Gide ira jusqu'à écrire dans son journal : « Famille, je vous hais. » L'adolescent échappe à sa famille en même temps qu'il échappe à lui-même, car parallèlement au courant narcissique de concentration sur soi, on relève un courant de « fuite de soi ». Comment se réalisent ces exigences ambivalentes ? Elles se réalisent à travers l'intégration des jeunes dans des « bandes » qui, autour d'un meneur, en tendant à se donner des formes institutionnelles, permettent à l'adolescent de desserrer le lien familial et le lien scolaire. Elles se réalisent encore par des fugues. Fugues réelles, ou plus souvent sans doute, fugues rêvées : lecture, rêverie romantique, premier amour, etc.

Au terme de ce bref aperçu du développement de la personnalité esquissé à la lumière des théories psychanalytiques, il apparaît que l'évolution de l'enfant s'inscrit dans un élargissement du champ des objets : fusion dans un même objet de l'enfant et de sa mère, relation duelle, relation triangulaire et diversification ultérieure conduisent à l'extrême variété des relation d'objet adultes.

4. Le développement de l'enfant selon Freud et les psychanalystes

Période pré-pubertaire
À la naissance : Narcissisme et auto-érotisme primaire De 6 à 12 mois : Stade oral (prégénital). Premières relations avec le bon objet maternel (sein) selon les modalités de l'incorporation (sucer) et de sa réjection (mordre). Perceptions frustrantes et anxiogènes des mauvais objets. Première intégration des objets dans le schéma corporel.
Stade sadique-anal Objectivation de l'objet extérieur relativement au corps. Importance capitale des fonctions d'excrétion (expulsion et rétention de l'objet). Investissement par la libido et par les pulsions agressives des objets sur le modèle de l'objet privilégié à ce stade : le cylindre fécal. La discipline sphinctérienne d'origine parentale établit un système primaire de contre-pulsions (interdictions).
Stade phallique ou génital Identification du Moi et premières relations objectales (parents). Développement du complexe d'Œdipe exigeant une acceptation du corps sexué (phallus comme sexe masculin et absence de phallus comme sexe féminin), angoisse de castration.
Phase de latence et organisation de l'appareil psychique Constitution du **MOI** et de la structure de l'appareil psychique inconscient (**ÇA** ou système instinctif et **SURMOI** ou système contre-pulsionnel, organisation de ces trois instances). Le système inconscient s'organise par son **refoulement,** Le Moi exerce ses fonctions de défense contre les phantasmes et d'adaptation au système de la réalité. Au cours de cette longue période se construit la pensée sociale, logique et morale qui soustrait définitivement la vie psychique au principe de plaisir pour la placer sous l'influence du système de la réalité.

Conclusion

■

Cet ouvrage a été rédigé à des fins essentiellement didactiques. Il nous est apparu indispensable de présenter à l'étudiant qui initie des études universitaires, d'une part, la démarche et les méthodologie de recherche en psychologie et, d'autre part, une approche très contemporaine du contenu de cette discipline.

En effet, depuis une vingtaine d'années, le développement de disciplines plus ou moins proches de la psychologie, telles que la biologie, la neurophysiologie, les sciences informatiques et l'intelligence artificielle ont conduit le psychologue à renoncer à l'approche de ses problèmes dans le cadre restrictif de l'étude comportementale. Le béhaviorisme qui a permis, au début du XXe siècle, à la psychologie de s'ériger en discipline scientifique a laissé sa place au cognitivisme.

C'est donc l'étude du sujet en tant que Système de Traitement de l'Information (le S. T. I.) qui a structuré la présentation de cet ouvrage. Une partie a été consacrée à l'analyse des différentes fonctions assumées par le système : la capture, le codage, le stockage, le traitement des informations. L'intégration de ces différentes fonctions dans une structure globale propre à chaque individu permettant de prédire et d'anticiper ses conduites nous a ensuite permis de définir la personnalité. L'orientation et le contrôle de ces mêmes conduites sont le fruit d'une interaction entre la sphère cognitive et la sphère affective.

Dans un deuxième temps, nous avons abordé l'étude du développement du système-sujet : la croissance et les modifications structurales de son intelligence, les phases successives du développement de sa personnalité.

Dans ces différents exposés, nous avons mis l'accent sur les interactions entre le sujet et son environnement. En nous référant au modèle de J. Nuttin, c'est donc l'entité Individu-Environnement (I-E) qui a fait l'objet de nos investigations. Une étude plus approfondie de ces interactions reste à entreprendre.

Les relations du sujet avec le groupe social auquel il appartient, son fonctionnement à l'intérieur de ce groupe, les phénomènes de dominance et d'influence sociale, les processus spécifiques de catégorisation sociale, les représentations sociales, les mécanismes d'attribution, etc., sont autant de thèmes que nous n'avons approchés que d'une manière rapide et quelquefois allusive. A. Mucchielli a présenté les recherches et les découvertes récentes dans le domaine de la psychologie sociale dans un ouvrage de la même collection.

Les différences manifestées par les sujets dans l'utilisation d'autres stratégies de traitement de l'information mériteraient à leur tour un développement plus substantiel. Les individus suivant leur propre constitution, suivant la manière dont ils ont été éduqués dès leurs premiers âges, peuvent privilégier telle ou telle procédure de traitement de l'information. Ces différences individuelles de stratégies peuvent, semble-t-il, s'expliquer par la pluralité des processus dont le sujet dispose face à un problème nouveau (Reuchlin, 1978). Tout individu aurait ainsi la possibilité d'utiliser plusieurs processus vicariants pour s'adapter à la situation dans laquelle il se trouve. Nous nous proposerons de reprendre ces différents thèmes dans une publication ultérieure consacrée à la psychologie différentielle. Nous aborderons dans cet ouvrage, dans le cadre d'une démarche scientifique éloignée de tout a priori idéologique, le problème de l'origine des différences individuelles. L'éternel problème de l'inné et de l'acquis posé en termes philosophiques peut être étudié par la méthode dite des jumeaux et par la méthode des adoptions (M. Carlier, 1986). De récents travaux conduits par M. Duyme (1979,1988) et C. Capron (1999) utilisant cette dernière méthode des adoptions ont permis de mettre en évidence l'importance du milieu comme facteur de différenciation des individus.

Enfin, le système-sujet connaît inévitablement des défaillances. Ces défaillances peuvent avoir de multiples origines : défaillances biologiques dues à l'âge ou d'origine accidentelle, défaillances dues à un brusque déséquilibre dans l'environnement, choc affectif, chômage, etc. S. Ionescu (1991) a relevé quatorze approches différentes des troubles psychopathologiques. Nous nous proposerons de présenter à l'intention des étudiants qui abordent pour la première fois les problèmes de la psychopathologie clinique, une synthèse des différents courants théoriques qui viendront demain étayer leurs interventions de psychologues praticiens.

Conseils bibliogaphiques

Dickes P.,**Tournois** J., **Flieller** A., **Kop** J.-L., *La psychométrie*, coll. « Le psychologue », Paris, PUF, 1994.

Dupont J.-B., **Gendre** F., *Structure de l'individu et choix professionel*, Institut de psychologie de Lausanne, 1982.

Fraisse P., *Manuel pratique de psychologie expérimentale*, Paris, PUF, 1968.

Freud S., *L'interprétation des rêves*, Paris, PUF, 1950.

Giglione R., **Richard** J.-F., *Cours de psychologie*, Paris, Dunod, 1995.

Huteau M., *Les conceptions cognitives de la personnalité*, Paris, PUF, 1985.

Ionescu S., *Quatorze approches de la psychopathologie*, Paris, Nathan Université, 1991.

Kaufman A. S., **Kaufman** N. L., *K-A.B.C., Batterie pour l'examen psychologique de l'enfant*. Manuel d'interprétation, Paris, Editions du centre de psychologie appliquée, 1993.

Lautrey J., *Classe sociale, milieu familial et intelligence*, Paris, PUF, 1980.

Mathieu J., **Thomas** R., *Manuel de Psychologie*, Paris, Vigot, 1985.

Montagner H., *l'Attachement, les débuts de la tendresse*, Paris, Odile Jacob, 1983.

Nuttin J., *Théorie de la motivation humaine*, Paris, PUF, 1984.

Piaget J., *Psychologie de l'intelligence*, Paris, A. Colin, 1947.

Piaget J., **Mounoud** P., **Bronckart** J.-P., (éd.), *Psychologie*, Paris, Gallimard, coll. « La Pléiade », 1987 :

- **Bresson** F., « Les fonctions de représentation et de communication ».
- **Bronckart** J.-P., « Les fonctions de représentation et de communication chez l'enfant ».
- **Pailhous** J., « Les fonctions d'organisation des conduites et des données ».
- **Paillard** J., « Système nerveux et fonction de l'organisation ».
- **Vergnaud** G., « Les fonctions de l'action et de la symbolisation dans la formation des connaissances chez l'enfant ».

Reuchlin M., *Précis de statistique*, Paris, PUF, 1976.

Reuchlin M., *Psychologie*, Paris, PUF, 1977.

Reuchlin M., *Introduction à la recherche en psychologie*, Paris, Nathan Université, 1992.

Royce J.R., *Multivariate analysis and psychological theory*, New York Academy Press, 1973.

Spitz R., *La première année de la vie de l'enfant*, Paris, PUF , 1958.

Widlöcher D., « Le développement de la personnalité », in **Gratiot**, **Alphandery**, **Zazzo**, *Traité de psychologie de l'enfant*, Tome 5, Paris, PUF, 1973.

Index alphabétique

Imprimé en France par Hérissey – 27000 Évreux
N° d'imprimeur : 88030
Dépôt légal : 05342 - Collection n° 50 - Édition n° 01
14/5408/1